Friedrich Justin Bertuch, Carl Bertuch

Bilderbuch für Kinder

enthaltend eine angenehme Sammlung von Thieren, Pflanzen, Blumen, Früchten,

Mineralien, Trachten

Friedrich Justin Bertuch, Carl Bertuch

Bilderbuch für Kinder
enthaltend eine angenehme Sammlung von Thieren, Pflanzen, Blumen, Früchten, Mineralien, Trachten

ISBN/EAN: 9783743464452

Hergestellt in Europa, USA, Kanada, Australien, Japan

Cover: Foto ©ninafisch / pixelio.de

Manufactured and distributed by brebook publishing software (www.brebook.com)

Friedrich Justin Bertuch, Carl Bertuch

Bilderbuch für Kinder

BILDERBUCH
FÜR KINDER

enthaltend

eine angenehme Sammlung von Thieren, Pflanzen, Blumen, Früchten, Mineralien, Trachten und allerhand andern unterrichtenden Gegenständen aus dem Reiche der Natur, der Künste und Wissenschaften; alle nach den besten Originalen gewählt, gestochen, und mit einer kurzen wissenschaftlichen, und den Verstandes-Kräften eines Kindes angemessenen Erklärung begleitet,

von

Carl Bertuch

Fürstl. Schw. Rudolst. Land-Cammer-Rath, der naturforschenden und der mineralogischen Gesellschaft zu Jena, der Akademie nützlicher Wissenschaften zu Erfurt, der Societät der Forst- und Jagdkunde zu Meiningen Mitgliede.

Sechster Band.

Weimar,

im Verlage des Landes-Industrie-Comptoirs

1807.

MERKWÜRDIGE HÖHLEN.

Das Schulerloch in Baiern.

In den grofsen weiten Höhlen der Kalkgebirge bildet bekanntlich das mit aufgelösten Kalktheilen bereicherte Wasser den Sinter oder Tropfstein, welcher die innern Wände dieser Höhle unter mannichfaltigen Formen bekleidet, und sie zu sehenswürdigen Gegenständen der Natur macht. — Solch' eine merkwürdige Höhle, das *Schulerloch* genannt, sehen wir auch hier abgebildet. Sie befindet sich in dem Kalkgebirge an dem Flusse *Altmühl* in Baiern, unterhalb des Dorfes *Alt-Essing*. Der Eingang zu dieser Höhle ist hoch oben am Felsenberg, und Anfangs sehr beschwerlich. Doch wird der unverdrossene Wanderer durch die herrliche, hier dargestellte Felsenhalle belohnt. Wie zu einem gothischen Dom wölben sich die spitzigen Bögen, welche zum Theil auf die bis zum Boden reichenden Tropfstein-Zapfen, wie auf Säulen gestützt sind, und so mehrere Gänge bilden, wo das Auge des Besuchers durch den Fackelschein getäuscht, Altäre und andere Verzierungen einer Kirche zu erblicken glaubt.

GROTTES REMARQUABLES.

Le Schulerloch en Bavière.

Personne n'ignore que, dans les grottes grandes et espacieuses des montagnes à pierres calcaires, ce sont diverses parties de chaux, concrétionnées par l'eau, qui forment les *stalactites*, qui ornent les parois intérieurs de ces grottes par les figures variées, sous les quelles elles se présentent, et les rendent dignes de fixer notre attention. Telle est celle que nous représente cette planche, et que l'on nomme le *Schulerloch*. Elle se trouve dans la montagne calcaire, sur l'*Altmuhl* en Bavière, au-dessous du village *Alt-Essing*. L'entrée de cette grotte est au haut de la montagne, et d'abord très pénible; mais l'infatigable voyageur ne laisse pas d'être richement récompensé de ses peines par le charmant coup d'oeil, que lui offre la grotte. Les arcs pointus s'y voutent comme pour former un dôme gothique. Les uns reposent en partie sur les stalactites en forme de chandelles de glace et touchant à terre, comme sur des colonnes; par là la grotte se trouve divisée en plusieurs compartimens, où l'oeil du curieux, trompé par la lueur du flambeau, croit apercevoir des autels et autres ornemens d'une église. —

REMARKABLE CAVES.

The Schulerloch in Bavaria.

In the large caves of chalk-mountains the water impregnated with dissolved chalk-particles forms, as we know, the stalactites, which lines the interior walls of those caves under various figures, and makes them curious objects of nature. Such a remarkable cave, call'd the *Schulerloch*, we see here represented. It is met with in the chalk-mountain near the river *Altmühl* in Bavaria, below the village *Alt-Essing*. The entrance to this cave is aloft in the rocky mountain, and at the beginning very painful. But the unwearied traveller is sufficiently rewarded by the magnificent rocky hall, that we see here imaged. As to a Gothic dome the pointed arches vault themselves, partly reposing as upon columns on the stalactite-tenons, which reach to the ground, forming in this manner several passages, where the eye of the beholder, deceiv'd by the light of the flambeaux, presumes to perceive altars and other decorations of a church.

CAVERNE RIMARCHEVOLI.

La caverna chiamata Schulerloch in Baviera.

Nelle grandi e spaziose caverne delle montagne calcari l'acqua impregnata di particelle di calcina spenta forma delle stalattiti fibrose, onde l'interiore di questa caverna è adorno in varie figure che la rendono degnissima d'ammirazione. Una così fatta grotta, nominata *Schulerloch*, vediamo dissegnata nella tavola presente. Essa ritrovasi nella montagna da calcina appresso al fiume d'*Altmühl* in Baviera, appiè d'un villaggio, di nome *Alt-Essing*. Benchè da prima non si possa senza difficoltà passarne l'entrata, ch'è alla sommità della rupe, pur chi vi s'incamina con assiduità ne gode ben presto della ricompensa nel rimirare la magnifica grotta quì dissegnata. I pilastri s'alzano l'uno sovra l'altro a guisa d'un duomo gotico, sostenuti da colonne di stalattite che pendono dal tetto insino al fondo, formando più aperture, dove all'imaginazione dello spettatore, ingannato dal lume della torcia, si rappresentano degli altari ed altri ornamenti e sfregi d'una chiesa.

I.

II.

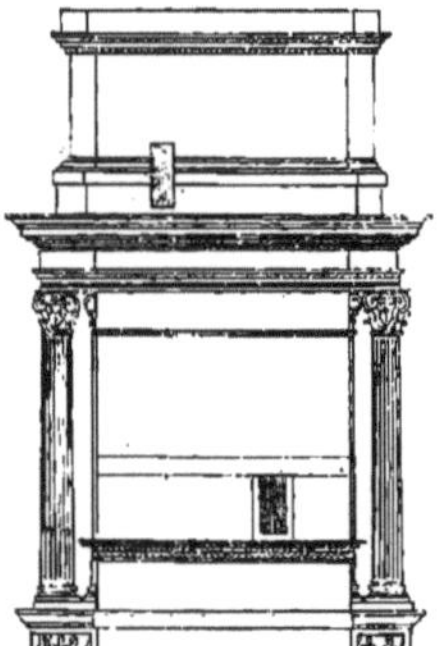

DER TRIUMPHBOGEN DES KAISERS SEPTIMIUS SEVERUS.

Die beiliegende Tafel stellt uns wieder eines von jenen merkwürdigen Denkmälern vor, welche die Dankbarkeit, wohl aber auch nicht selten die Schmeichelei der alten *Römer*, ihren siegreichen Helden setzte, nämlich einen Triumphbogen, und zwar den dem Kaiser *Septimius Severus*, wegen seiner Siege über die *Parther*, *Araber* und andere Völkerschaften geweihten, welcher ziemlich wohl erhalten, jetzt noch zu *Rom* hinter dem Kapitolium, von dem Schutte gereinigt, und mit einer Schutzmauer (1) umgeben, zu sehen ist.

Fig. I. stellt die Hauptseite mit ihren vier schönen Säulen und drei gewölbten Durchgängen dar, welche in der Mitte durch zwei Bogen mit einander in Verbindung gesetzt sind. Ueber dem Hauptbogen sieht man zwei schöne Figuren der Göttin des Rufes. Ueber den kleineren Seitenbogen sind die Thaten des triumphirenden Kaisers in Basreliefs dargestellt. Oben in der *Attika* liest man auf der Vorder-, so wie auf der Hinterseite die Zueignungs-Inschrift, in welcher auch des Nachfolgers des genannten Kaisers gedacht ist. — Die eingehauenen Buchstaben waren vor Zeiten mit vergoldetem Bronze eingelegt, das aber entwendet worden ist. — Das Ganze endigt sich mit einer Plateforme, zu welcher man im Innern auf einer Treppe hinauf steigt, und auf welcher vormals der Triumphwagen des Siegers mit Soldaten zur Seite in Stein ausgehauen stand.

Fig. II. stellt eine der Nebenseiten dieses Triumphbogens vor, die beide aufser den Säulen und dem Simswerke ohne weitere Verzierung sind. Das ganze Prachtgebäude ist aus weifsem Marmor aufgeführt.

L'ARC DE TRIOMPHE DE L'EMPEREUR SEPTIME SÉVÈRE.

Nous voyons sur la planche ci-jointe un de ces monumens curieux, érigés par la reconnaissance, mais aussi bien plus souvent par l'adulation des anciens *Romains*, en l'honneur de leurs héros victorieux, savoir l'Arc de Triomphe consacré à la gloire de l'Empereur *Septime Sévère*, qui triompha des *Parthes*, des *Arabes* et de plusieurs autres peuples. On voit encore derrière le Capitole cet Arc assez bien conservé, dégagé de gravois et pourvu d'une balustrade (1).

La Ie Figure nous représente la principale façade avec ses quatre belles colonnes et trois corridors voutés, unis dans le milieu les uns aux autres par trois arcs. On voit au-dessus de l'Arc principal deux jolies figures de la renommée. Les exploits du triomphateur sont exécutés en bas-relief sur les arcs latéraux. On lit en haut dans *l'Attique* sur les côtés de devant et de derrière la dedicace, où il est même fait mention du successeur de l'Empereur. Les lettres gravées étaient autrefois incrustées de bronze doré, mais qui a été volé. Le tout se termine par une platte-forme, à laquelle on arrive interieurement par un escalier, et sur laquelle était autrefois le char du triomphateur avec des soldats à côté, taillé en pierres.

La IIe Figure montre une des faces latérales de l'Arc de Triomphe. L'une et l'autre sont sans ornement à l'exception des colonnes et de l'entablement. Tout ce magnifique édifice est en entier de marbre blanc.

THE TRIUMPHAL ARCH OF THE EMPEROR SEPTIMIUS SEVERUS.

The adjoined table exhibits again one of those remarkable monuments, which gratitude, but not seldom also flattery of the ancient *Romans*, erected to their victorious Heroes, namely a triumphal Arch, dedicated to the Emperor *Septimius Severus* on account of his victories over the *Parthians*, *Arabians* and other nations. It is pretty well preserv'd, and still to be seen at *Rome* behind the Capitolium, clean'd from the rubbish and surrounded with a rampart. (1)

Fig. I. represents the principal side with its four beautiful columns and three vaulted passages, which in the midst are join'd together by two bows. Over the principal bow appear two beautiful figures of the goddefs of Fame. Over the smaller side-bows are the actions of the triumphant Emperor represented in bas-relief. In the *Attica* one reads both upon the fore-and backside the dedicatory inscription, in which the successor too of the said Emperor is mention'd. The ingraved letters were formerly inlay'd with gilt bronze, which afterwards has been purloin'd. The whole terminates with a Platform; one gets up to in the inside upon a pair of stairs, and where at that time the triumphal cart of the victor with soldiers at his side stood ingraved in stone.

Fig. II. exhibits one of the by-sides of this triumphal arch, both of which, except the columns and the cornice, are void of all other ornaments. The whole stately building is constructed with white marble.

ARCO TRIONFALE DELL' IMPERADORE SETTIMIO SEVERO.

La tavola presente ci rappresenta uno di que' monumenti rimarchevoli, che da' *Romani* antichi vennero inalzati a' loro eroi vincitori, o per gratitudine o il più delle volte per adulazione. Quest' arco trionfale, consacrato all' Imperadore *Settimio Severo*, a cagione delle vittorie da lui riportate sovra i *Parti*, *Arabi* ed altre nazioni, vedesi ancora oggidì in *Roma* quasi intero e purificato di fasciume dietro al campidoglio essendo attorniato d'un muro di riparo. (1)

Fig. I. ci fà vedere il lato maggiore con insieme le sue quattro belle colonne e tre porte fatte a volta che nel mezzo sono congiunte insieme mediante due archi. Al dissopra dell' arco maestro si vedono due bellissime figure della Dea della fama. Sopra i piccoli archi laterali sono rappresentate in bassirilievi le geste dell' imperadore trionfante, leggendosi sul lato d'innanzi e di dietro l'inscrizione dedicatoria che fà menzione del successore del suddetto imperadore. Le lettere scolpite furono già intarsiate in bronzo dorato che però poscia veniva involato. Il tutto termina in un terrazzo che si ascende nell' interiore per mezzo d'una scala e dove per l'addietro si vidde intagliato in pietra il carro trionfale del vincitore attorniato di soldati.

Fig. II. ci rappresenta una delle parti laterali di quest' arco trionfale che sono prive di ornamenti fuorchè le colonne e la cornice. Tutto questo edifizio magnifico è intieramente costrutto di marmo bianco.

Fig. 1.
A.
C.
B.
Fig. 2.
a.
b.
c.
Fig. 3.
A
C.
B.
Fig. 4.
a.
b.
c.
b.

TEUTSCHE NACHTFALTER.

Fig. 1. Der Specht.

(*Phalaena Bombyx Dominula.*)

Wegen der schwarzgrünen Grundfarbe der Vorderflügel, und den darauf zierlich abstechenden weifsen und orangefarbigen Flecken von mancherlei Gestalt, so wie zugleich wegen der hochzinnoberrothen Hinterflügel, die mit schwarzen, ins Blaue spielenden Binden und Tupfen geziert sind, führt dieser Nachtfalter (*A*) mit Recht den Namen des Spechtes. Obgleich die schwarze gelbstreifige behaarte Raupe (*B*) sich von den Blättern mancherlei Bäume, Sträucher, und Kräuter nährt, so liebt sie doch vorzüglich die Blätter des Hundszungenkrautes; weshalb der Nachtfalter auch der Hundszungen-Spinner genannt wird. Mehrere rothbraune glänzende Puppen (*C*) liegen meistens beisammen, innerhalb eines weifsen dünnen Faden - Gewebes, welches mehrere Raupen, ehe sie sich verpuppen, gemeinschaftlich spinnen.

Fig. 2. Der Purpurbär.

(*Phalaena Bombyx purpurea.*)

Den Namen Purpurbär führt dieser von Schmetterlingsfreunden sehr geschätzte, nicht in allen Gegenden anzutreffende Nachtfalter (*a*) wegen seiner brennend rothen Hinterflügel, die mit stark abstechenden grofsen schwarzen, ins Blaue spielenden Flecken gezieret sind. Die sanft gelben Vorderflügel führen mancherlei kleine bräunliche Flecken, unter welchen einer die Gestalt eines lateinischen *S* zeigt, weshalb das Insekt auch den Namen gelber S. Bär erhalten hat. Die Raupe (*b*) gehört wegen ihrer oft fuchsrothen Haarbüschel zu den Bären Raupen, und man nennt deshalb auch die daraus entstehenden Schmetterlinge Bären. Die dunkelbraune Puppe (*c*) ist in der Natur von einem zarten Fadengewebe umgeben.

Fig. 3. Der Linden - Spinner.

(*Phalaena Bombyx Bucephala.*)

Die buntscheckige, völlig erwachsene Raupe (*B*) dieses, in Teutschland gemeinen Spinner - Nachtfalters, nährt sich zwar von den Blättern mancherlei Bäume; liebt aber doch vorzüglich die Lindenblätter. Sie ist wenig behaart; in frühester Jugend ganz schwarz; und gewinnt erst nach und nach, nachdem sie mehrmals ihre Haut ablegt, immer mehr Gelb. Das geflügelte Insekt (*A*) führt wegen seines dicken, halb unter dem langhaarigen Halskragen versteckten Kopfes auch den Namen des Ochsenkopfes und Groskopfes; und wegen der grofsen gelblichen Flecken an den Vorderflügel - Spitzen die Benennung: der halbe Mond. Die Raupe verpuppt sich unter der Erde, wo sie sich blofs eine Höhle baut, ohne solche mit einem Fadengewebe auszutapeziren.

Fig. 4. Der Erlen - Spinner.

(*Phalaena Geometra alniaria.*)

Die Raupen (*b*) der Familie, zu welcher dieser Spanner gehört, haben vollkommen die Gestalt dürrer Baumästchen, besonders wenn die Raupe im Ruhestande aufgerichtet auf ihrem Hintertheile sitzt. Da sie nur ganz vorn und ganz hinten einige Paar Füfse, in der Mitte des Leibes aber keine hat; so kriecht sie nicht mit allen Theilen des Leibes fortschiebend vorwärts, sondern spannweise, indem sie Bogen bildet, daher der Name *Spanner*, (Geometra). Sie frifst am liebsten Erlen-Blätter, verachtet aber auch die Blätter noch anderer Bäume nicht. Der Schmetterling (*a*) gefällt mehr wegen der hinterhalb zierlich ausgeschnittenen Flügel, als wegen der simpeln Farbe derselben. Die Verpuppung der Raupe erfolgt an Bäumen, wo sie zwischen Blättern ein Gehäuse aus langen Fäden spinnt, innerhalb welchen sie ihre letzte Raupenhaut ablegt, und als grünlich weifse Puppe (*c*) erscheint.

PHALÈNES D'ALLEMAGNE.

Fig. 1. Le Pic.

(Phalaena Bombyx Dominula.)

Le verd noirâtre, qui forme la couleur primitive des aîles de devant, et qui se marie tres-agréablement avec les taches blanches et oranges, diversement variées, qui s'y trouvent, ainsi que le rouge de cinabre des aîles de derrière rayées et mouchetées de noir, tirant sur le bleu, a fait donner à juste titre le nom de Pic à ce papillon (*A*). Quoique la chenille (*B*) velue, noire, à bandes jaunes, se nourisse des feuilles de plusieurs arbres, arbustes et plantes, elle préfère cependant les feuilles de la cinoglosse officinale; c'est pour cela qu'on nomme aussi ce papillon la phalène cinoglosse. Plusieurs chrysalides (*C*) d'un brun rouge luisant sont pour l'ordinaire ensemble dans l'intérieur d'un léger tissu blanc, que filent en commun plusieurs chenilles, avant de se transformer en chrysalides.

Fig. 2. La Phalène pourprée.

(Phalaena Bombyx purpurea.)

Ce Papillon (a), estimé de tous les amateurs, et qui n'est pas de toutes les contrées, s'appèle Phalène pourprée à cause de ses aîles de derrière, qui sont d'un rouge de feu, ornées de grandes taches noires, tirant sur le bleu, ce qui ne laisse pas de faire un bel effet. On aperçoit sur le jaune tendre des aîles de devant des mouches brunâtres, dont une a la forme d'une *S* latine. La chenille (*b*) est du genre des chenilles d'Ours, à cause de ses touffes, qui sont souvent rousses; ce qui fait aussi donner le nom d'ours aux papillons, qui en proviennent. La chrysalide (*c*) d'un brun foncé est enveloppée d'un leger tissu.

Fig 3. La Phalène - fileuse de tilleul.

(Phalaena Bombyx Bucephala.)

La chenille (*b*) bigarrée de ce papillon, si commun en Allemagne, se nourrit à la vérité des feuilles de plusieurs arbres, mais elle préfère les feuilles de tilleul. Elle est peu velue, noire à sa naissance, et ne devient tout à fait jaune qu'insensiblement et après avoir mué plusieurs fois. L'insecte aîlé (*A*) a aussi le nom de tête de bœuf, à cause de sa grosse tête à demi cachée sous le poil long, qui règne autour de son cou; et celui de demi-lune à cause des grandes taches jaunâtres, placées à l'extrémité des aîles de devant. La chenille se chrysalide sous la terre, où elle ne fait que se creuser un trou, sans l'entourer d'un tissu.

Fig. 4. La Phalène arpenteuse d'aune.

(Phalaena Geometra alniaria.)

Les chenilles (*b*) de la famille à la quelle appartient celle-ci, ressemblent parfaitement à de petites branches sèches d'arbre, surtout lorsque la chenille est sur son séant. Comme elle n'a absolument que quelques pattes sur le devant et le derrière et qu'elle n'en a aucune dans le milieu du corps, elle ne se porte pas en avant en rampant avec toutes les parties du corps, mais seulement par bond, en formant un arc, ce qui lui a fait donner le nom de phalène arpenteuse. Quoiqu'elle se nourrisse de préférence des feuilles d'aune, elle ne méprise pas pour cela les feuilles des autres arbres. Le papillon (*a*) plaît beaucoup plus par la jolie découpure de ses aîles que par leur couleur unie. Les chenilles se chrysalident sur les arbres, où elles se filent entre les feuilles une espèce de cocon, en dedans du quel elles déposent leur dernière peau de chenille, et paraissent comme une Chrysalide (*c*) blanche-verdâtre.

GERMAN NOCTURNAL BUTTERFLIES.

Fig. 1. The Wood - pecker.

(Phalaena Bombyx Dominula.)

On account of the dark - green ground - colour of the fore - wings, and the white and orange tawny spots of different figure on them elegantly contrasting, likewise on account of the deep - vermilion hind - wings, being adorn'd with black fillets and points of a bluish cast, this nocturnal butterfly justly wears the name of wood pecker. Though the black yellow - streak'd hairy caterpillar (*B*) feeds upon the leaves of different trees, yet it preferably likes those of the hound's tongue (cynoglossum vulgare); wherefore the nocturnal butterfly is call'd too the hound's tongue spinner. Several redbrown bright chrysalides (*C*) lie commonly involv'd together within a white thin web, which several caterpillars, before they change into a chrysalis, in community spin.

Fig. 2. The purple - bear.

(Phalaena Bombyx purpurea.)

This nocturnal butterfly much esteem'd by the lovers of butterflies, which is not to be found in every country, (*a*) has got the name of purple - bear from its burningred hindwings, adorn'd with large, black spots of a bluish cast highly contrasting. The mildly yellow fore - wings wear various little brownish stains, among which one resembles the figure of a latin *S*, wherefore the insect has also got the name of yellow S bear. The caterpillar (*b*) belongs on account of its hair-tufts often fox-coloured to the bear - caterpillars, and therefore the butterflies arising from it are call'd bears. The darkbrown chrysalis (*c*) is naturally surrounded by a delicate web.

Fig. 3. The lime - tree - Spinner.

(Phalaena Bombyx Bucephala.)

The checkered grown up caterpillar (*B*) of this nocturnal butterfly common in Germany, feeds indeed upon the leaves of different trees, but preferably likes those of the lime-tree. It is but little hairy, in the earliest youth quite black, and but by degrees, after having cast off several times its skin, becomes more and more yellow. The winged Insect (*A*) wears also the name of ox - head and grass - head from its big head half concealed under the longhairy neck - band; and from the large yellowish stains on the tips of the fore - wings the name of the half - moon. The caterpillar changes into a chrysalis under the earth, where it only constructs a cave, without lining it with a web.

Fig. 4. The Geometer of the alder.

(Phalaena Geometra alniaria.)

The caterpillars (*b*) of the family, to which this Geometer belongs, intirely have the figure of dry little branches, especially when the caterpillar quietly sits erect on its hind-part. Being furnish'd only in the forepart and behind with a few pairs of feet, but with none in the midst of the body, it does not creep with all the parts of the body moving forwards, but in a bending manner, forming bows, from whence the name of Geometer (Geometra). It preferably likes to eat the leaves of the alder, without despising those of other trees. The butterfly (*a*) pleases more on account of the wings elegantly cut out behind, than of the simple colour. The changing of the caterpillar into a chrysalis proceeds on the trees, where it between leaves spins a case from long threads, within which it casts off its last skin of caterpillar, appearing as a greenish - white chrysalis (*c*).

FALENE DI GERMANIA.

Fig. 1. Il Picchio.

(*Phalaena Bombyx Dominula.*)

Questa falena merita con ragione il nome di picchio pel suo colore principale foscoverde delle ali d'inanzi, pelle macchie bianche ed aranciose di diverse figure che leggiadramente vi contrastono e pelle ali di dietro d'un rosso brillante di cinabro adorne di striscie e punti neri che danno nell' azzurro. Benchè il bruco peloso nero e strisciato di giallo (*B*) si cibi delle foglie di varj alberi, arbusti ed erbe pur preferisce le foglie della cinoglossa onde la falena vien anche chiamata lingua di cane. Molte ninfe d'un rosso bruno brillante (*C*) si trovano sovente racchiuse insieme dentro ad un sottile bozzolo bianco che viene tessuto da più bruchi prima di trasformarsi in crisalide.

Fig. 2. La Falena porporina.

(*Phalaena Bombyx purpurea.*)

Questa falena ricercatissima da' dilettanti di farfalle e che non si trova da per tutto viene così chiamata a motivo delle sue ali di dietro d'un rosso ardente adorne di macchie nere assai contrastanti che danno nell' azzurro. Le ali d'inanzi gialliccie sono sparse di varie piccole macchie brune delle quali l'una ha la forma di *S*, onde si è dato all' insetto il nome di orso giallo. Il bruco (*b*) appartiene a' bruchi orsini a cagione de' suoi ciuffetti sovente rossissimi, laonde anche le falene, che ne sortono, vengono nominate orsi. La crisalide foscobruna (*c*) è naturalmente involta in un tenero inviluppo.

Fig. 3. La Falena de' tigli.

(*Phalena Bombyx Bucephala.*)

Benchè il bruco perfetto (*B*) dipinto a più colori di questa falena, originaria della Germania, si nudrisca colle foglie di varj alberi tuttavia preferisce le foglie de' tigli. Esso è poco peloso, alla bella prima tutto nero, divenendo a poco a poco più giallo dopo avere cangiato più volte di pelle. L'insetto alato (*A*) porta il nome di teschio di bue a motivo della sua testa grossa mezzo nascosa sotto il collare peloso; viene altresì chiamato mezza luna pelle macchie grandi e gialliccie sulle punte delle ali d'inanzi. Il bruco si cangia in crisalide sotto la terra dove costruisce un buco senza addobbarlo d'un bozzolo.

Fig. 4. Il Geometra degli ontani.

(*Phalaena Geometra alniaria.*)

I bruchi (*b*) della famiglia a cui appartiene questa falena rassomigliano perfettamente a de' ramicelli d'alberi secchi massimamente quando il bruco stà dritto sulla parte posteriore in istato di risposo. Non avendo alcune zampe se non alle due estremità ed essendone privo nel mezzo del corpo non va strisciandosi inanzi con tutte le parti del corpo ma soltanto per spanne formandone un' anello onde la denominazione di Geometra si deriva. Ama sopra tutto le foglie degli ontani non disprezzando per ciò quelle d'altri alberi. Questa falena piace più pelle ali leggiadramente intagliate di dietro che pella semplicità de' suoi colori. Il bruco subisce le sue metamorfosi sugli alberi dove tralle foglie forma un' inviluppo con lunghi fili dentro al quale, deposta l'ultima sua pelle, comparisce in forma di crisalide verdebianca.

II.

MERKWÜRDIGE BERGE.

I. Der Grofs-Glockner.

Der *Grofs-Glockner*, den wir hier abgebildet sehen, und der von seiner glockenähnlichen Figur den Namen hat, ragt 12,000 Fufs über die Meeresfläche empor, und ist der höchste unter den Bergen von Salzburg, wo er an der Gränze von Kärnthen und Tyrol liegt. — Erst in den neuern Zeiten wurde seine höchste Spitze bestiegen; dieses unternahm zum Besten der Naturkunde der Bischof von Gurk, ein Prinz von *Salm-Reiferscheid*, mit mehreren ausgezeichneten Gelehrten. Zur Bequemlichkeit späterer Reisenden liefs der würdige Bischof mehrere Häuser als Obdach bauen. — Das erste und gröfste hier abgebildete, heifst die *Salmshöhe*. Von hier mufs die Reise zu Fufs über Felsenklüfte und Schneefelder fortgesetzt werden, und ist oft sehr gefährlich. Bis zum Gipfel des Glockners, der wieder in zwei Spitzen getheilt ist, rechnet man 6 Stunden. Auf dem höchsten Gipfel, wo nur 6 bis 8 Menschen Platz haben, steht jetzt ein 12 Fufs hohes eisernes Kreuz. Hier hat man bei heiterm Wetter die entzückendste Aussicht über die Alpen von Kärnthen und Steyermark; weiter hin überblickt man Tyrol, mit den Flüssen Inn und Drau. — Eine treffliche Beschreibung der Reise auf den Glockner hat uns Hr. Professor *Schultes* in Inspruck gegeben.

II. Der Schneeberg.

Der *Schneeberg*, dessen Gipfel und nördliche Seite, wie sein Name sagt, das ganze Jahr mit Schnee bedeckt ist, liegt 9 Meilen von Wien in Unter-Oesterreich an der Gränze von Steyermark. Obgleich nicht so hoch als der vorige, beträgt seine Höhe doch 6600 Fufs über der Meeresfläche; also ist er ⅓ höher als die berühmte Schneekoppe in Schlesien. Der Weg dahin führt durch mannichfaltig interessante Gegenden, und der Gipfel ist ohne Gefahr zu besteigen. Von hier überblickt man eine reizende Landschaft bis nach Wien hin. Bei heiterm Wetter erscheint selbst in weiter Ferne als ein feines Silberband der Haven von Triest.

MONTAGNES REMARQUABLES.

Nr. 1. Le grand-Glockner.

Le *grand-Glockner*, que nous voyons représenté ici, et qui tient son nom de sa ressemblance avec une cloche, s'élève 12,000 pieds au-dessus de la surface de la mer. Il se trouve sur les frontières du Tyrol et de la Carinthie, dans le pays de Salzbourg, dont il est la montagne la plus élevée. Ce n'est que de nos jours qu'on en a gravi le faîte. Un prince de *Salm-Reiferscheid*, évêque de Gurk, le tenta le premier avec plusieurs savans, dans l'espérance de faire quelque découverte utile à la physique. Le digne prélat fit bâtir plusieurs maisons pour la commodité des voyageurs, qui l'imiteraient, et pour qu'ils eussent un abri. La plus grande de ces maisons et qui est dépeinte sur cette planche, s'appèle *Salmshöhe*. Delà on continue à pied le voyage, qui ne laisse pas d'être tres-dangereux, parcequ'on est obligé de passer sur des fentes de roc et des sentiers couverts de neige, et l'on compte 6 lieues jusqu'au sommet, qui se divise en deux pointes. On a placé une croix de fer de 12 pieds de haut sur le plus haut faîte, où 8 personnes peuvent à peine se placer. On y jouit de la perspective la plus attrayante sur les Alpes de la Carinthie et de la Stirie; plus loin on découvre le Tyrol ainsi que l'Inn et la Drave. Mr. le professeur *Schultes* d'Inspruk nous a donné une excellente description de son voyage sur le Glokner.

Nr. 2. Le Schneeberg.

Le *Schneeberg* ou montagne de neige, dont le sommet et le côté septentrional sont couverts toute l'année de neige, comme l'indique son nom, est dans la basse Autriche, sur les frontières de la Stirie, à 15 lieues de Vienne. Quoique moins haute que la précédente, elle s'élève 6600 pieds au-dessus de la surface de la mer, et est plus haute d'un tiers que la célèbre *Schneekoppe* en Silésie. La route passe par les contrées les plus intéressantes, et l'on peut parvenir à son sommet sans danger. Delà on découvre les paysages les plus rians, jusqu'à Vienne. Par un tems serein le port même de Trieste se montre à l'oeil dans le lointain comme un ruban argenté.

REMARKABLE MOUNTAINS.

Nr. 1. The Great-Glockner.

The *Great-Glockner*, we view here represented, which is denominated from its bell-like figure, rises 12,000 feet over the surface of the sea, being the loftiest of the mountains of Salzburg, where it borders upon Carinthia and Tyrol. Its highest top was but in modern times ascended; this undertook for the benefit of natural philosophy the bishop of Gurk, a prince of *Salm-Reiferscheid*, with several distinguished scholars. For the conveniency of later travellers the worthy bishop order'd several houses to be built for a shelter. The first and largest, that we see here copied, is call'd *Salm's hoehe.* From hence one cannot proceed but on foot over rocky gulfs and Snow-fields, which often is very dangerous. Up to the summit of the Glockner, divided again into two points, one reckons 6 leagues. On the highest top, which holds no more than 6 — 8 persons, there is at present an iron-crofs 12 feet high erected. Here one enjoys in clear weather the most enchanting prospect over the Alps of Carinthia and Styria, and at a further distance one surveys Tyrol with the rivers Inn and Drau. Mr. *Schultes*, Professor at Inspruck, has given us an excellent description of the travel to the Glockner.

Nr. 2. The Snow-mountain.

The *Snow mountain*, the summit of which and North-Side through the whole year is cover'd with snow, as its name denotes, is situated 9 leagues from Vienna in Nether-Austria near the frontier of Styria. Tho' not so high, as the former, however its height amounts to 6600 feet above the surface of the sea; thus it is $\frac{1}{3}$ higher, than the famous Snow-top in Silesia. The way thither leads through varied interesting situations, and the summit may be ascended without danger. From hence one surveys a delightful landscape as far as Vienna. In serene weather there appears the harbour of Triest, even at a far distance, as a fine Silver-ribband.

MONTI RIMARCHEVOLI.

I. Il monte campaniforme (chiamato in tedesco Gross-Glockner.)

Il *monte campaniforme*, che vediamo dissegnato nella tavola presente, deei il suo nome alla forma rassomigliante a quella di campane; s'inalza al di sopra della superficie del mare all' altezza di 12,000 piedi essendo il più alto de' monti di Salisburgo situato fra i confini di Tirolo e Carintia. Non si giunse alla di lui sommità se non ne' tempi moderni, il Vescovo di Gurc, Principe di *Salm - Reiferscheid*, essendo il primo a riuscire in questa impresa, utilissima alla fisica con insieme più letterati assai ragguardevoli. A fine di favorire la comodità de' viaggiatori il Vescovo suddetto, degno di somma stima, vi fece costruire più case delle quali la prima e la più grande quì dissegnata chiamasi in Tedesco *Salmshöhe.* Di quì si ha da caminare appiè passando sovra delle rocche scoscese ricoperte di neve, il che rende il viaggio assai pericoloso. Per arrivare alla cima, che viene divisa in sei punte, si contano sei leghe di strada. Sulla sommità del monte dove appena capono 6—8 uomini ritrovasi una croce di ferro di 12 piedi d'altezza. Quì il cielo sereno offre agli occhi la vista la più bella scorgendosi di lontano le Alpi di Carintia, Stiria e di Tirolo con insieme i fiumi d'Eno e Dravo. La descrizione publicata dal Sgr. il Professore *Schultes* in Inspruc è la più bella che si possa leggere intorno a questo viaggio.

II. Il monte nevoso.

Questo monte, che deriva il suo nome dalla neve onde il fastigio e'l lato settentrionale vedonsi coperti per tutto l'anno, è situato nell' Austria bassa 9 leghe distante da Vienna presso a' confini di Stiria. Esso, meno alto del precedente, s'alza sopra la superficie del mare all' altezza di 6600 piedi avanzando perciò d'un terzo quella della famosa *cima nevosa* in Silesia. Il camino conduce il viandante per molte leggiadrissime contrade nè si corre punto rischio nel montare la di lui cima. Di quà si riguarda fin dove si stende la vista i bellissimi contorni di Vienna. L'aria serena ci rappresenta di lontano il porto di Trieste in una trasparenza brillante.

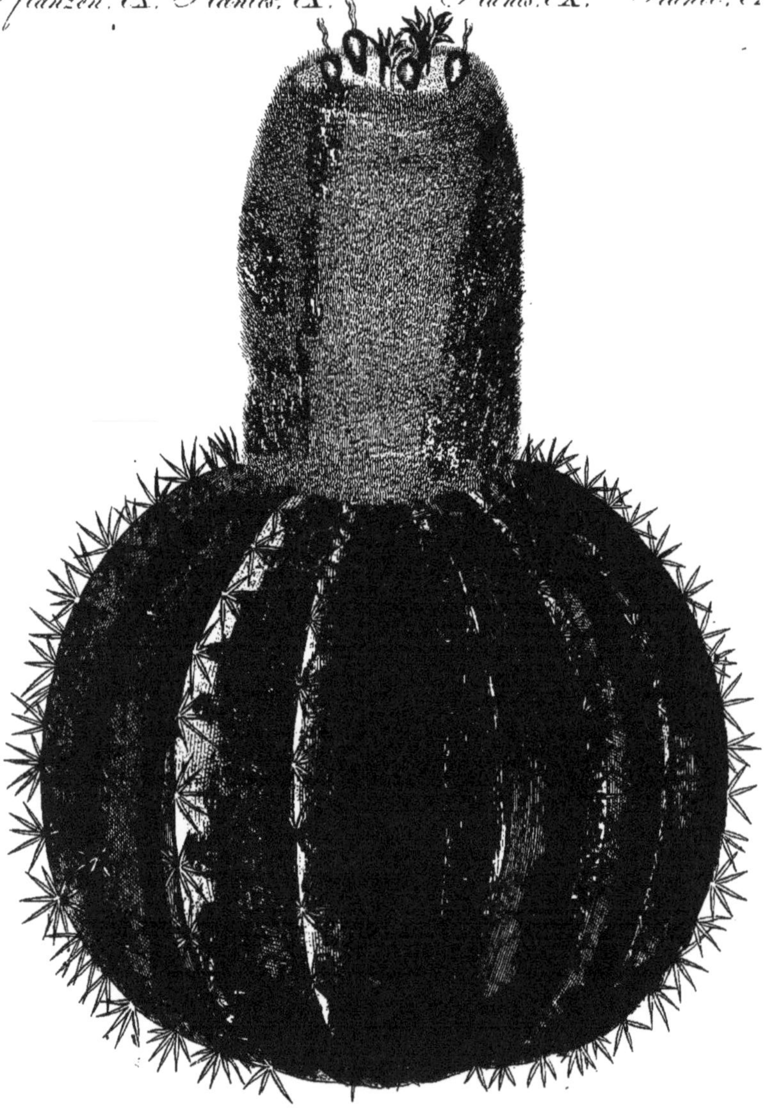

SÜD - AMERIKANISCHE FACKEL - DISTELN.

Die in Europäischen Treibhäusern anzutreffenden *Fackeldisteln* sind einzig in den wärmern Ländern des südlichen Amerikanischen Erdtheils und der zwischen den Wendekreisen Amerika zunächst liegenden Inseln als ursprünglich einheimisch anzutreffen. Es sind sämmtlich saftreiche fleischige Gewächse, die mehr aus der Luft, als aus dem Boden Fruchtbarkeit und Nahrung an sich ziehen, und deshalb in den heifsesten Erdstrichen auf dem trockensten Sand- oder Steinboden gedeihen. Die meisten dieser Pflanzen haben keine eigentlichen Blätter, sondern bestehen blos aus Stämmen und Aesten, die bei den verschiedenen Arten eine verschiedene, doch jedes Mal durchaus gleichförmige Gestalt haben, und theils aus lauter blattförmigen, bald aus mancherlei kuglichen, bald aus walzenförmigen, bald aus viel oder wenig kantigen länglichen, mit Stachelbüscheln besetzten, Gliedern bestehen. Desto mehr stechen bei einer solchen Einförmigkeit der Stämme und Aeste die schöngebauten und schönfarbigen Blumen ab, welche meistens erst nach Sonnenuntergang nur ein Mal aufblühen, und nach wenig Stunden schon wieder für immer sich schliefsen. Die Früchte dieser Pflanzen gleichen den Feigen, sind geniefsbar, und haben einen angenehmen säuerlichen Geschmack.

Wir sehen auf gegenwärtiger Tafel abgebildet:

die Melonenförmige Fackeldistel.

(*Cactus Melocactus.*)

Die Glieder des Stammes sind von der Gröfse eines Menschenkopfes, und haben eine melonenähnliche Gestalt, welche ringsum von oben nieder ausgefurcht ist, so dafs viele, meistens 14 hohe Ribben oder Kanten hervortreten, welche auf ihren Rücken mit Stachelbüscheln bewaffnet sind. Wenn die Pflanze Anstalt macht, Blüten oder Früchte hervorzubringen, so treibt sie oberhalb einen walzenförmigen hohen, und dicken behaarten und bestachelten Schaft hervor; und aus diesem treten ringsum, am häufigsten aber am Scheitel, mehrere Anfangs rosenrothe, zuletzt cochenillroth werdende Blumen hervor, davon jede auf einem Fruchtknoten oberhalb ringsum aufsitzt, welcher sich nachher zu einer feigenförmigen dunkelcochenillrothen fleischigen Frucht entwickelt, auf welcher die verwelkte Blume oberhalb aufsitzend sich erhält.

CIERGES DE L'AMÉRIQUE MÉRIDIONALE.

Les *Cierges*, que l'on trouve dans les serres chaudes de l'Europe, sont originaires de l'Amérique méridionale et des îles, qui sont le plus près du tropique de l'Amérique. Ce sont des plantes pleines de suc et charnues, qui reçoivent leur nourriture et pompent l'humidité plus de l'air que du terroir; aussi réussissent-elles le mieux dans le sable le plus sec ou le terroir le plus pierreux des climats les plus brulants. Ces plantes, privées de feuilles, n'ont que la tige et des rameaux, qui, dans les diverses espèces, paroissent avoir une forme toute différente, quoiqu' absolument uniforme. Les membres sont tantôt en forme de feuille, tantôt sphéroïdes, tantôt cylindriques, tantôt marqués de côtes longitudinales et chargées de faisceaux d'épines. Cette uniformité de la tige et des branches n'en contraste que plus avec les fleurs dont les couleurs sont très-vives. Cette plante ne fleurit qu'une fois, après le coucher du soleil, et la fleur se ferme peu d'heures après pour toujours. Le fruit de ces plantes ressemble à une figue, il est assez agréable et acidule; les Américains le mangent.

Cette planche nous représente

Le Cierge Melon.

(*Cactus Melocactus.*)

La tige de cette plante, grosse à peu-près comme la tête d'un homme, a la forme d'un melon; elle est marquée aumoins de 14 côtes longitudinales, chargées sur leur dos de faisceaux d'épines. Quand la plante se dispose à fleurir ou à porter des fruits, il se forme au sommet de la tige un spadix cylindrique, couvert d'un duvet très-épaix, au travers duquel sortent d'innombrables épines; c'est de celui-ci, mais bien plus souvent du corolle que sortent les pétales, disposés tout autour, d'abord roses, puis cramoisis, dont chacun est placé audessus d'un bouton, qui ne tarde pas à se developper en un fruit charnu, d'un cramoisi foncé, de la forme d'une figue, et au dessus duquel reste et se conserve la fleur fanée.

SOUTH - AMERICAN CEREI.

The Cerei, being met with in European hot-houses, originally come from the warmer countries of South-America and from the Islands situated between the tropics next to America. They are all together juicy pulpous plants, drawing their moisture and nourishment more from the air, than from the soil, and thriving therefore in the hottest climates upon the driest sand or stony ground. These plants commonly have no peculiar leaves, but only consist of stocks and branches, which in the different species are of a different, but always thoroughly uniform figure, partly composed of mere leaf-like members, now of such as are cylindrical, now more or lefs angular longish ones, beset with tufts of pricks. Such an uniformity of stocks and branches serves the more to set of the beautiful structure and colour of the flowers, which commonly but after sun-setting only once open, and a few hours past again are for ever closed. The fruits of this plant resemble to the figs, are eatable and of an agreeable sourish flavour.

On the present table appears represented

The common Melon thistle.

(Cactus Melocactus).

The members of the stock are of the bignefs of a human head, and of a melon-like figure, furrow'd all-around from above till below, so that many — commonly 14 high ribs or edges appear, armed on their back with tufts of pricks. When the plant is preparing to produce flowers or fruits, it pushes forth at the upper part a cylindrical high and big shaft hairy and prickly; and out of this issue all-around, but most frequently at the top many flowers, at first rose-coloured, at last reddening like a cochineal. Each of these flowers is round-about seated upon a fruit-knot, that afterwards unfolds itself to a fig-like deep cochineal-red pulpous fruit, upon which the withered flower sitting preserves itself.

CARDI STELLATI DELL'AMERICA MERIDIONALE.

I cardi stellati, che si ritrovano nelle stufe d'Europa, non sono originarj se non di paesi più caldi dell' America meridionale e delle isole vicine a' tropici d'America. Tutti sono vegetabili ...osi e carnosi che traggono il lor nutrimento e fertilitá piuttosto dall' aria che dalla terra. Per questa cagione essi crescono e vengono inanzi anche ne'luoghi più aridi e sabbiosi de'climi più caldi. La maggior parte di queste piante è nuda di foglie nè composta che di fusti e rami d'una diversa sì ma intiera uniformità nonostante le diverse sorte, la forma de' loi organi, difesi più o meno da pungoli, essendo ora sferica ora cilindrica ed ora angolosa. Con una così fatta uniformità de' tronchi e de' rami tanto più contrastano i fiori leggiadramente coloriti e formati che non sbocciano che una sola volta dopo 'l tramontare del sole richiudendosi per sempre dopo alcune ore. Le frutta mangereccie di questa pianta si rassomigliano al fico essendo d'un sapore agrodolce.

Nella tavola presente vediamo disseguato:

Il cardo a mellone.

(*Cactus Melocactus*).

Gli organi del tronco sono della grandezza d'una testa d'uomo, avendo la forma di mellone solcata dall'alto di modo che ne sortono molti merletti armati di pungoli per lo più di 14 dita d'altezza. Quando la pianta è nel punto di produrre de fiori e delle frutta, al dissopra sporta un gambale cilindrico, alto, peloso e guernito di spine donde sortono tutto d'intorno fiori dapprima vermigli, che finalmente diventano d'un rosso di cocciniglia, ciascuno de'quali in capo stà attaccato ad un germoglio dondo si sviluppa dipoi il frutto a guisa di mellone carnoso e d'un rosso scuro di cocciniglia in sul quale il fiore vizzo si sostiene appiccandosi.

DIE BEETSCHUANAER.

Das südafrikanische Kaffervolk, die *Beetschuanaer* (auch Buschwanaer) genannt, dessen Wohnungen und Lebensweise wir bereits (im CX. Hefte dieses Bandes) kennen gelernt haben, ist auf beiliegender Tafel nun noch characteristischer nach seiner Leibesfarbe und Gestalt abgebildet. — Wir sehen auf derselben einen jungen Mann und ein junges Weib. Der Mann hat seinen Kopf mit Federn geschmückt, trägt dreieckigte Ohrengehänge, und seine Blöſse mit einem kurzen Mantel von Thierfellen und mit einem Schürzchen bedeckt; am Arme hängt ihm eine Art Körbchen oder vielmehr Säckchen, und in den Händen hält er Hassagajen, oder Wurfspieſse, die gewöhnlichsten Waffen dieser kriegerischen Halbwilden, die nicht selten in blutige Streitigkeiten mit ihren Nachbarn verwickelt sind.

Das junge Weib, das hier sitzt, und mit welchem der junge Mann sich unterhält, hat ihren Unterleib anständig mit Schürzen von Leder bedeckt, die eine Art von Unterröckchen bilden. Mehrere Weiber tragen auch kurze Mäntel. Die hier abgebildete Frau raucht Tabak, dessen Rauch sie aus einem hohlen, mit Wasser gefülltem Horne, in das oben eine hölzerne Pfeifenröhre mit dem Kopfe eingefügt ist, ganz behaglich einschlürft. Neben ihr liegt ihre Holzaxt; denn das Holzfällen ist hier eine Hauptbeschäftigung der Weiber. Dabei sehen wir ein Paar Kochgeschirre auf der Erde stehen.

LES BETSCHUANS.

La planche ci-jointe nous représente beaucoup plus caractéristiquement la couleur et la figure des Caffres *Betschuans* de l'Afrique méridionale, dont nous connaissons dejà les habitations ét le genre de vie d'après le CX. cahier de ce Volume. Nous voyons ici un jeune homme et une jeune femme. L'homme a la tête parée de plumes, il porte des pendans d'oreilles triangulaires, un manteau court de peau et un petit tablier pour cacher sa nudité. Il a appendu à son bras une espèce de corbeille ou pluiôt de bissac, et tient dans les mains des javelots, armes ordinaires de ces demi-sauvages guerriers, qui ne laissent pas d'être assez souvent engagés dans des disputes sanglantes avec leurs voisins.

La femme, qui est ici assise, et qui s'entretient avec le jeune homme, a le bas-ventre décemmént couvert de tabliers de peau, lesquels forment une espèce de cotillon. Plusieurs femmes portent aussi des manteaux courts. Cette femme-ci fume du tabac, dont elle savoure et avale la fumée par une corne creuse, pleine d'eau, à la quelle tient par en haut un tuyeau de pipe de bois, ainsi que la tête. Près d'elle est sa cognée, car la fonction principale des femmes c'est de fendre le bois. Nous voyons aussi quelques ustesniles de cuisine.

THE BEETSHUANS.

The South - African nation of the Caffers, call'd the *Beetshuans*, (also Bushwens) whose habitations and manner of living we became already acquainted with (by the number CX. of this vol.) are on the present table represented still more characteristically according to the colour of their body and their figure. We perceive upon it a young man and a young woman. The man has adorn'd his head with feathers, wears triangular pendants, and his nakednefs is cover'd with a long cloak of skins of beasts, and with a little apron; on his arm hangs a sort of little basket or rather little bag, and in his hands he holds Hassagajens or javelins, the usual weapons of these warlike half savages, who not seldom are engaged in bloody quarrels with their neighbours.

The young woman, here sitting, with whom the young man holds a conversation, has decently cover'd her belly with aprons of leather, forming a sort of little petticoat. Several women wear too short cloaks. The woman here pictured smokes tobacco, the smoke of which she at her ease sips out of a hollow pot fill'd with water, in which a wooden tobacco-pipe-tube is with the head above join'd. Near her lies her felling-ax, the felling of wood being here a principal occupation of women. Besides do we perceive some kitchen-furniture, standing upon the earth.

I BOSCIUANI.

I *Bosciuani*, abitanti dell' Africa meridionale, le cui abitazioni e maniere di vivere già imparammo a conoscere in quaderno CX. di questo tomo, si vedono dissegnati più caratteristicamente nella tavola presente dietro la loro carnagione e forma. Vediamo quì un giovane marito con insieme sua giovane moglie. Il marito ha la testa adorna di piume; porta orecchini triangolari; la sua nudità è coperta d'un mantellino di pelli d'animali e d'un grembiale; al braccio gli pende un cestello o piuttosto sacchetto tenendo in mani hassagaj ovvero jacoli, armi usatissime di questa gente guerreggiosa e mezzo selvaggia, la quale spesse volte s'impaccia di dissensioni sanguinose co' suoi vicini. —

La giovane donna che quì stà assisa e colla quale il marito si trattiene, ha il bassoventre decentemente coperto di grembiali di cuojo che formano una specie di gonnella. Molte donne hanno indosso anche mantellini. La femmina quì dissegnata fuma del tabacco sorbendone il fumo a bell' agio col mezzo d'un corno cavo riempito d'acqua in capo al quale stà incastrata una canna da pipa di legno insieme colla testa. Accanto ad essa vedesi l'asce sua, il taglio de' boschi essendo l'occupazione principale delle donne. In sul suolo si vedono poste alcune stoviglie.

I.

II.

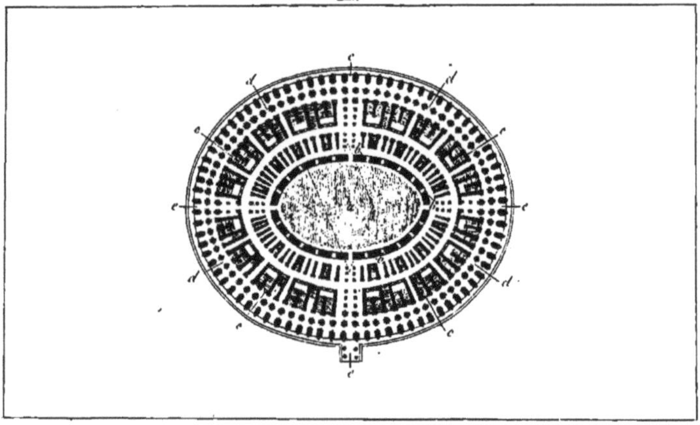

DAS KOLOSSEUM ODER DAS AMPHITHEATER DES KAISERS FLAVIUS VESPASIANUS.

Unter die merkwürdigsten und prachtvollsten Ueberbleibsel Alt-Römischer Baukunst gehören auch die zum Theile noch vorhandenen Amphitheater, und von denen, welche jetzt in *Rom* noch mehr oder weniger verstümmelt, zu sehen sind, ist das auf beiliegender Tafel abgebildete, von dem Römischen Kaiser *Flavius Vespasianus*, zwei Jahre nach der Zerstörung von *Jerusalem* erbaute, das schönste und gröſste, von welchem sich auch noch ein beträchtlicher Theil bis auf unsere Zeiten erhalten hat. Denn was jetzt daran mangelhaft ist, wurde nicht durch die Zeit, sondern durch Menschen verstümmelt, und davon geraubt.

Es ist ein ungeheures Gebäude, von welchem wir unter *Fig.* I. auf unserer Tafel noch eine der am besten erhaltenen Seiten sehen, vier Stockwerke hoch, jedes mit einer Säulenreihe geziert.

Es ist, wie der Grundriſs *Fig.* I zeigt, ein Oval. In dessen Mitte befindet sich der freie Kampfplatz, die *Arena* (*a*), wo Menschen mit Menschen oder auch mit wilden Thieren zur Belustigung der vielen Tausend Zuschauer, die in dem massiv steinernen Gebäude umher Raum fanden, kämpfen muſsten. Um diesen Kampfplatz läuft unten eine Galerie mit Stufen (*b*) umher, unter welchen sich die Gewölbe befinden, worin man die wilden Thiere aufbewahrte. Vier Haupteingänge (*e*) führten in das Gebäude, und auf den Kampfplatz; durch vier andere (*c*) gelangte man in die obern, und durch eben so viele (*d*) in die untern Stockwerke.

LE COLISÉE OU L'AMPHITHÉATRE DE L'EMPEREUR FLAVIUS VESPASIEN.

Les Amphithéâtres, qui se trouvent encore en partie à *Rome* doivent être comptés parmi les restes les plus curieux et les plus magnifiques de l'architecture des anciens Romains. De tous ceux qu'on y voit encore plus ou moins endommagés, le plus grand et le plus beau est sans doute, celui que fit construire l'Empereur Romain, *Flavius Vespasien*, deux ans après la destruction de *Jérusalem*, et que la planche ci-jointe nous offre. Il s'est conservé presque en entier jusqu'à nos jours. Car ce n'est point au tems qu'il faut attribuer ce qu'il y a de gâté, mais aux hommes, qui en ont enlevé beaucoup de choses.

C'est un édifice immense, dont nous voyons le côté le mieux conservé à la Ire *Fig.* de notre planche, ayant quatre étages et orné d'une colonnade.

C'est, comme le dessin *Fig.* II. le montre, un ovale dans le milieu duquel se trouve l'Arène (*a*) où des hommes combattent avec d'autres hommes ou avec des bêtes farouches pour l'amusement de plusieurs milliers de spectateurs, placés dans l'enceinte de l'édifice en pierres. Autour de cette Arène est une galerie avec des degrès, (*b*) sous lesquels se trouvent les souterrains où l'on conserve les bêtes feroces. Il y a quatre entrées principales (*c*) qui conduisent dans l'édifice et dans l'Arène; et l'on arrivait par quatre autres dans les étages supérieurs et par autant dans les inférieurs.

THE COLOSSEUM OR THE AMPHITHEATRE OF THE EMPEROR FLAVIUS VESPASIANUS.

To the most remarkable and magnificent remains of ancient Roman Architecture belong too the Amphitheatres partly still extant. Among those, that at present are to be seen at *Rome* more or lefs mutilated, the most beautiful and largest is that, of which the table here adjoined exhibits a representation. It was constructed by the Roman Emperor *Flavius Vespasianus* two years after the subversion of *Jerusalem*, and has been preserv'd for the greatest part till our times. For what now is deficient in it, has not been mutilated and robb'd by time, but by men.

It is a prodigious building, of which we view under *Fig.* I, on our Table one of the best preserv'd sides, four stories high, each adorn'd with a colonnade.

It is, as the plan *Fig.* II. shows, an Oval. In the midst of it is the open fighting-place, the Arena (*a*), where men must fight with men or with wild beasts for the amusement and diversion of the many thousand spectators, who found place all-around in the massive building. Round about this fightingplace below runs a Gallery with steps (*b*) under which are the caves, where the wild beasts were kept. Four principal entries (*e*) led into the building and to the fighting-place; through four other ones (*c*) one came to the upper stories and through as many to the inferior ones.

COLOSSEO OSSIA ANFITEATRO DELL'IMPERATORE FLAVIO VESPASIANO.

Fralle rovine le più rimarchevoli e le più magnifiche dell' architettura romana si comprendono anche gli anfiteatri che si ritrovano in *Roma* più o meno scaduti, donde il più bello e'l più grande è quello dell' imperadore *Flavio Vespasiano* che vediamo nella tavola presente. Venne costrutto due anni dopo la distruzione di *Gerusalemme* e sino a' nostri tempi sen' è conservata una parte grandissima, non il tempo ma gli uomini essendo cagione della di lui mutilazione e rovina.

Esso è un' edifizio d'immensa ampiezza donde *Fig.* II. ci rappresenta il lato ottimamente conservato, alto quattro piani, de' quali ciascuno è adorno d'un' ordine di colonne.

Quest' anfiteatro, secondo il disegno, (*Fig.* I.) ha la forma ovale nel cui centro ritrovasi l'aringo ossia l'*arena* (*a*) dove uomini avevano da combattere con uomini o con delle fiere, a fine di sollazzarne migliaja di spettatori che si adunavano in quest' edifizio massiccio di pietra. Quest' aringo è attorniato d'una galleria a scalini (*b*) sotto i quali ritrovansi le volte in cui si rinchiudevano le bestie feroci. Quattro entrate maggiori (*e*) ci guidano all' edifizio ed all' aringo, per quattro altre (*c*) si giugne ne' piani superiori e per altrettanti negl' inferiori.

DIE PRÄCHTIGE GROSSBLUMIGE FACKELDISTEL.

(*Cactus grandiflorus.*)

Die weit umher kriechenden Glieder des Stammes und der Aeste dieser, wegen ihrer prächtigen Blume merkwürdigen Pflanze, erreichen eine Länge von drei bis zu sechs Fufs, bei höchstens zwei Zoll Dicke. Sie sind walzenförmig, laufen jedoch an jedem Ende etwas dünne zu, und zeigen gewöhnlich sechs erhabene und mit gelblichen Stachelbüscheln bewaffnete Ribben. Die innere Masse ist fleischig und saftig. Aus mehreren dieser Stachelbüschel kommen jährlich im Frühjahre an den Seiten der Aeste einzelne, mit Schuppen und weifsen Haarbüscheln besetzte Fruchtknoten hervor. Diese bilden sich zu oberst in einen wohl sechs Zoll langen, äufserlich ebenfalls beschuppten und behaarten Kelch aus; und aus diesem hervor bildet sich endlich eine prächtige Blume, welche zu Ende Juni oder Anfangs Juli Abends nach Sonnen-Untergang nur ein einziges Mal völlig aufblüht, und vor Sonnen-Aufgang schon wieder geschlossen und verwelkt ist. — Die Abbildung zeigt die Gestalt und Farbe dieser herrlichen, süfsen aromatischen Wohlgeruch ausduftenden, Blume; die aber in der Natur bei kräftigen Pflanzen mitunter noch gröfser ausfällt. Der Fruchtknoten reift binnen Jahresfrist, zu einer ansehnlichen birnförmigen, saftigen, angenehm säuerlich schmeckenden Frucht; welche ringsum mit beschuppten kleinen rothen, ins Orange spielenden Höckern besetzt ist. Man trifft diese Pflanze in grofsen Treibhäusern an; ursprünglich stammt solche aber aus Süd-Amerika, Jamaika und St. Domingo.

LE CIERGE À GRANDES FLEURS.

(*Cactus grandiflorus.*)

Les membres rampans de la tige et des branches de cette plante, remarquable par la beauté de sa fleur, ont de trois à six pieds de haut et tout au plus deux pouces de grosseur. Ils sont cylindriques quoiqu'ils se terminent cependant un peu en pointe à chaque bout, et sont ordinairement composés de 6 aiguillons divergents, et jaunâtres. La masse intérieure en est charnue et pleine de suc. De plusieurs de ces faisceaux d'épines il sort tous les ans au printems à l'aisselle des branches des boutons séparés, chargés de faisceaux d'écailles et de poils blanchâtres. Ceux-ci se forment en haut un calice de 6 pouces de longueur également chargé à l'extérieur d'écailles et de poils, et de celui-ci se forme enfin une fleur magnifique, qui fleurit à la fin de juin ou au commencement de juillet, mais une seule fois après le coucher du soleil, et qui se renferme et se fane avant le lever de cet astre. Cette planche nous offre la forme et la couleur de cette fleur magnifique, dont l'odeur est aromatique et très-suave, et qui est susceptible d'atteindre une plus grande hauteur en plein champ, quand les plantes sont dans la plus grande vigueur. Dans l'espace d'un an le bouton mûrit en un fruit assez gros, de la forme d'une poire, plein de suc, d'un goût agréable et acidule, entouré de petites bosses écaillées, rouges, jouant l'orange. On trouve cette plante dans les grandes serres chaudes; mais elle est originaire de l'Amérique méridionale, de la Jamaïque et de St. Domingue.

THE GREAT NIGHT-FLOWERING CEREUS.

(*Cactus grandiflorus.*)

The wide-around creeping members of the stock and branches of this plant remarkable on account of its noble flower reach a length of three till six feet with a bignefs of two inches at the most. They are cylindrical, yet become at each end somewhat thinner, and commonly show six prominent ribs, armed with yellowish tufts of pricks. The interior mafs is pulpous and juicy. From many of these tufts of pricks ifsue yearly in the spring on the sides of the branches single fruit-knots beset with scales and bushes of hair. These improve at the upper part into a calix about six inches long outwards likewise scaly and hair'd; and out of this forms itself at last a superb flower,, that at the end of Juny or at the beginning of July after sunsetting but once fully opens aud before sunrising is again shut and withering. Our representation shows the figure and colour of this noble flower, exhaling sweet aromatick fragrancy; but in nature it sometimes proves to be still greater in vigorous plants. The fruit-knot ripens within a year to a considerable pear-like juicy fruit of an agreeable sourish flavour; it is all around beset with scaly little red bunches shifting into an orange-tawny colour. This plant is met with in great hot-houses; but it is native in South-America, Jamaica and St. Domingo.

IL CARDO A FIORI STELLATI, OSSIA FICO INDICO.

(*Cactus grandiflorus.*)

Gli organi serpeggianti del tronco e de' rami di questa pianta, rimarchevole a cagione del suo fiore pomposo, arrivano all' altezza di 3 a 6 piedi avendo al più due dita di grossezza. La lor forma è cilindrica ed un poco attenuata all' estremità, i merletti alti, per l'ordinario al numero di sei, essendo armati di pungoli giallicci. La sostanza interiore è carnosa e sugosa. Molte di queste pani occhiette spinose a' lati de' rami producono in primavera de' germogli guarniti di squame e di bianchi mazzetti pelosi. Questi germogli formano al dissopra un calice parimente squamoso e peloso di fuori di 6 dita d'altezza, onde sorte un fiore pomposo che non sboccia pienamente se non una sola volta verso il fine di Giugno ed all' entrar di Luglio la sera dopo'l tramontar del sole richiudendosi tutto vizzo primo dellò spuntare del sole. Il dissegno ci fà vedere la forma e'l colore di questo magnifico fiore che sparge da per tutto una soavissima fragranza. Esso naturalmente giugne talvolta ad un'altezza maggiore se viene coltivato presso a piante vigorose. L'embrione arriva alla maturità frallo spazio d'un' anno producendo un frutto sugoso, a guisa di pera, d'un sapore agrodolce, armato tutto d'intorno di squame piccole rosse e scabrose che danno nell' aranciato. Questa pianta ritrovasi nelle stufe essendo per originaria dell' America meridionale, di Giamaica, e di San Domingo.

HINDUISCHE MERKWÜRDIGKEITEN.

Die *Hinduer*, Bewohner des mittlern Asiens, sind durch ihre Sitten und Gebräuche, durch das hohe Alterthum ihrer Religion, aus welcher nach und nach alle übrigen Religions-Meinungen der verschiedenen Länder sich gebildet haben, ein höchst merkwürdiges Volk. Das höchste Wesen stellen sie gestaltlos und symbolisch blofs durch eine Kugel dar. — Dieses höchste Wesen hat nach ihrer Meinung drei Ober-Götter geschaffen, den *Brama*, *Wischnu* und *Schiwen*. — Wischnu ist der Erhalter, Schiwen der Zerstörer des Erhaltenen, und ihnen bauen die Hinduer Tempel oder *Pagoden*, wie wir bereits in diesem VI. Bande No. 19 und auf gegenwärtiger Tafel abgebildet sehen. Ueber dem Hauptthore dieser Pagode erhebt sich ein pyramidenförmiger Thurm von mehreren Stockwerken. Jedes Stockwerk hat ein grofses Fenster, an festlichen Tagen des Nachts durch Lampen erleuchtet. Vor der Pagode sieht man einen grofsen Teich zum Baden, denn die Hinduer baden sich jeden Tag, und betrachten dieses selbst als religiöse Handlung. Am jenseitigen Ufer des Teiches sehen wir ein offnes, auf Säulen ruhendes Gebäude, *Schultri* genannt, welches eine Herberge, ein Obdach für Fremde ist, wo man unentgeldlich übernachten kann. Solche *Schultris* findet man in Oftindien sehr häufig. — Die bequemste Art in diesem Lande zu reisen, ist im Palanquin, oder in einem Tragsessel, der mit einem Tuch überspannt von vier gemietheten Hinduern getragen wird.

CHOSES REMARQUABLES DE L'INDOSTAN.

Les *Hindous*, qui habitent le milieu de l'Asie, méritent de fixer notre attention, autant par leurs moeurs, leurs usages, que par l'antiquité de leur religion, qui a donné naissance à toutes les différentes opinions religieuses, qui ont été adoptées par les divers peuples de la terre. Ils se représentent l'être suprême sans figure quelconque, et symboliquement sous la forme d'une boule. Ils croient que cet être suprême a crée trois dieux supérieurs, *Brama*, *Wischnou* et *Schieven*. Wischnou est le conservateur, Schieven est le destructeur; les Hindous leur édifient des temples ou *Pagodes*, comme nous les avons déjà vues dans ce sixième volume No. 19 et telles que nous les voyons dépeintes dans cette planche. Au-dessus du portail de ces pagodes s'élève une tour en forme de pyramide, à plusieurs étages. Chaque étage est pourvu d'une grande fenêtre, qu'on illumine avec des lampions les jours de fête. On remarque devant la pagode un étang considérable pour le bain, car les Hindous se baignent tous les jours, et le bain est même pour eux un acte de religion. Sur l'autre rive de l'étang est un édifice ouvert, soutenu par des colonnes, nommé *Schultri*, qui offre un asile aux étrangers, où ils peuvent passer gratuitement la nuit; ces *Schultri* sont très-nombreuses dans les Indes orientales. — La manière la plus commode de voyager dans ce pays, c'est de se servir d'un palanquin, ou brancart recouvert de toile, que portent quatre Hindous, qu'on loue pour cet effet.

REMARKABLENESS OF THE HINDOOS.

The *Hindoos*, inhabitants of the middle Asia are a most remarkable people by their manners and customs, by the high antiquity of their religion, which has given rise to all the other religious opinions of the different countries. The supreme being they represent formlefs and symbolically only by a globe, supposing it to have created three superior Gods, *Brama*, *Wishnu* and *Shiven*. *Wishnu* is the preserver, *Shiven* the destroyer of what is preserv'd, and to them the Hindoos build temples or *Pagods*, as we see imaged in this VI. Vol. No. 19 and on the present table. Over the principal doors of this Pagod rises a spire of several stories. Each story has a large window, illuminated by lamps on festival days in the night. Before the *Pagod* one beholds a great lake for bathing, since the Hindoos bathe themselves each day, looking upon this as a religious action. On the other side of the lake, we perceive an open building supported by columns, call'd *Shultri*, being a harbour or a shelter for strangers, where they may pafs the night without paying for it. Such *Shultris* are frequently met with in the East Indies. — The most convenient way of travelling in this country is in a Palanquin or a litter, which being overspread with a cloth is carried by four hired Hindoos.

COSE RIMARCHEVOLI DEGLI HINDUI.

Gli *Hindui*, abitanti dell' Asia interiore, sono assai famosi pe' loro costumi e per l'antichità della di loro religione, secondo la quale tutti gli altri pareri e sentenze de' differenti paesi, in materia di religione, a poco a poco si conformarono. Il simbolo dell' Essere supremo, che rappresentano senza figura, consiste in un globo. Da esso trassero l'origine i tre Dei superiori: *Brama*, *Vischnu* e *Schiven*. — Vischnu é il conservatore, Schiven il distruttore del conservato, a' quali gli Hindui erigono de' tempj ó d' *pagodi*, donde il ritratto vedesi in No. 19 del tomo sesto e nella tavola quì aggiunta. Al dissopra della porta maestra s'innalza una torre in forma di piramide di più compartimenti, de' quali ciascuno è adorno d'una gran finestra illuminata di notte con delle lampade in giorni di festa. Avanti al pagode vedesi un gran vivajo da bagno, gli Hindui bagnandosi tutti i giorni e credendolo un' azione religiosa. Al di là della riva ci si ra ppresenta un' abitazione aperta sostenuta da colonne, che chiamasi *Schultri*, la quale serve di ricovero a' peregrini, dove si può pernottare libero d'ogni spesa. Così fatti *Schultri* si ritrovano spesse volte all' Indie orientali. — Il modo il più commodo di viaggiare in questo paese si fà col mezzo del palanchino o della seggetta, la quale, ricoperta d'un panno, viene portata da quattro Hindui mercenarj.

I.

II.

RUSSISCHE VOLKSLUSTBARKEITEN.

Die hieher gehörige Kupfertafel stellt uns zweierlei Arten der beliebtesten Russischen Volksbelustigungen dar, nämlich:

Fig. 1. Die Eisberge,

welches etwa 18 Ellen hohe hölzerne Gerüste sind (1), deren eine Seite eine hölzerne Abdachung hat, die mit Eisstücken bedeckt, mit Wasser begossen wird, und worauf dann die Liebhaber, deren Zahl immer groſs ist, entweder auf kleinen Schlittchen sitzend, oder auf Schrittschuhen stehend, mit solcher Gewalt hinabrutschen, daſs sie noch auf der unten angebrachten Eisbahn fortglitschen. Solche künstliche Eisberge werden zu *St. Petersburg* alle Jahr in der Fastnachtswoche, auf, oder an der *Newa*, [wir sehen hier gegenüber die Akademie der Wissenschaften (3) nebst einem andern Pallast (4)] errichtet, und stark besucht, wobei es nicht an Zuschauern fehlt. Auch sind hier Leute vorhanden, die Erfrischungen verkaufen, wie z. B. eine Art Meth, ein warmes Getränke aus Zucker oder Honig und Pfeffer bereitet, das man mit oder ohne Milch trinkt, (2) und russische Pfefferkuchen.

Fig. 2. Russische Schaukeln,

von zwei verschiedenen Arten. Die eine (1) ist einem Karoussel - oder Ringelrennen ähnlich, nur daſs sie statt horizontal, perpendiculär ist. Die Schaukelliebhaber sitzen in Sesseln, die an einer Achse befestigt sind, welche vermittelst eines Rades, oder bloſs mit den Händen umgetrieben werden. — Die andere Art (2) ist eine Schwing-Schaukel für 8 sitzende Personen, die von 2 Stehenden in Schwung gebracht werden. Solche Schaukeln werden in der Osterwoche auf öffentlichen Plätzen errichtet; die, welche wir hier sehen, stehen auf dem Platze vor dem steinernen Theater zu *St. Petersburg*, wo auch Branntweinzelte (3) aufgeschlagen, und Polizeisoldaten postirt sind, um Unordnung zu verhüten, oder sie vermittelst der hier sichtbaren Feuerspritze zu stillen.

AMUSEMENS POPULAIRES EN RUSSIE.

La planche ci-jointe nous représente deux espèces d'amusemens, qui sont très-chers au peuple Russe, savoir:

Fig. 1. Les montagnes de glace,

formées d'un échafaudage de bois de 18 aunes de haut, dont un des côtés est pourvu d'une toiture en bois, couverte de glaçons que l'on arrose d'eau, et le long de la quelle les amateurs, dont le nombre est très-grand, glissent dans des traîneaux ou en patins avec tant de force, qu'ils continuent à glisser sur le chemin, que l'on a pratiqué au bas sur la glace. On élève tous les ans à *St. Pétersbourg* dans la semaine du carnaval ces sortes de montagnes artificielles sur ou proche là *Néve*; [nous voyons vis-à-vis l'academie des sciences (3) et un autre palais (4)]; il y a toujours un grand nombre de spectateurs. On y trouve aussi des gens qui vendent des raffraîchissemens, comme par exemple une espèce de Meth, boisson chaude, composée de sucre et de poivre, que l'on prend avec ou sans lait, et (2) des pains d'épices russes.

Fig. 2. Les Balançoires russes.

Il y en a de deux différentes espèces. L'une, (1) ressemble à un caroussel ou au jeu de héron, excepté qu'elle est perpendiculaire au lieu d'être horisontale. Les amateurs se placent sur des sièges attachés à une axe, que l'on fait tourner par le moyen d'une roue, ou seulement avec les mains. — La 2e est une escarpolette pour 8 personnes assises, que deux personnes debout mettent en mouvement. On élève ces balançoires la semaine de pâque dans des places publiques. Celles que nous voyons ici sont à *St. Pétersbourg* sur la place du théâtre de pierre; on y dresse aussi des tentes où l'on vend de l'eau de vie; la police y place des soldats pour prévenir les désordres, ou les appaiser par le moyen des pompes à feu, que nous voyons ici.

SPORTS OF THE RUSSIAN PEOPLE.

The plate hereto belonging exhibits two different sorts of the most beloved divertisements of the Russian people, viz:

Fig. 1. The mountains of ice,

which are wooden scaffolds, about 18 yards high (1), one side of which has a wooden slopenefs, that is cover'd with pieces of ice, and sprinkled with water, on which the lovers, being always numerous, or seated on little sledges, or standing on skates, with such violence slide down, that they continue gliding on the icy way prepar'd below. Such artificial mountains of ice are every year in the carnival's week constructed at *St. Petersbourg* upon or near the *Newa*, [we view here over against the Academy of sciences (3) with another Palace (4)] and much frequented, where spectators are never wanting. Here are people too, who sell refreshments, as a sort of mead, composed of sugar and pepper, which they drink with or without milk, and Russian ginger-bread.

Fig. 2. Russian Swings,

of two different sorts. The one (1) is like a carousal or running at the ring, except, that instead of being horizontal, it is perpendicular. The lovers of the swing are seated in chairs, fasten'd on an axle-tree, which are driven about by means of a wheel or only with the hands. The other (2) is a swing for 8 sitting persons, that are put in motion by 2 standing ones. Such swings are raised in the Easterweek on publick places. Those, which we here view, stand upon the place before the stony theatre at *St. Petersbourg*, where also brandy-tents (3) are pitched, and soldiers of the police posted, to prevent disorders or to appease them by means of the fire-engine, which here appears.

DIVERTIMENTI POPOLESCHI DE' RUSSIANI.

La tavola quì aggiunta ci rappresenta due sorte de' più favoriti divertimenti popoleschi de' Russiani, vale a dire:

Fig. 1. I monti ghiacciosi

che sono ponti di lègno di 18 braccia d'altezza (1) onde l'una parte è difesa da una copertura di legno, che vien adacquata e riempita di ghiacciuoli, in sulla quale i dilettanti, spesse volte numerosissimi, o assisi su piccole slitte o stanti su' ghiaccini, discendono con tanta violenza che vanno sdrucciolando anche in sulla strada di ghiaccio fatta abbasso. Così fatti monti artifiziali di ghiaccio vengono inalzati ogni anno in *S. Pietroburgo* nella settimana del carnavale sullo *Neva* o presso ad essa, (dirimpetto ci vien veduta l'accademia delle scienze (3) con insieme un' altro palazzo (4)) il popolo concorrendovi sempre in grandissima folla. Oltre di ciò vi si trovano degli uomini che vendono de' rinfreschi, principalmente una sorta d'idromele, bevanda calda composta di zucchero e di pepe che si prende con latte o senza esso (2) e confortini del paese.

Fig. 2. Dondoli di Russia

di due sorte differenti. L'uno rassomiglia ad un carosello fuorchè la sua forma è perpendicolare invece d'essere orizzontale. I dilettanti de' dondoli, sono assisi in seggiole attaccate ad una asse che si gira col mezzo d'una ruota o soltanto mediante le mani. L'altro è un dondolo da vibrare, (2) per 8 persone assise, il quale viene vibrato da due uomini stanti. I dondoli di questa fatta vengono costrutti nelle piazze publiche nella settimana di pasqua. Questi, che vediamo quì, sono nella piazza pressa al teatro di pietra in *S. Pietroburgo*, dove altresì si sono piantato tende dell' acquavite; (3) gli uffiziali di polizia, che vi stanno presenti, avendo l'incarico di prevenire i disordini o di acchetarli e spegnerli col mezzo d'una tromba per gl'incendj che quì si vede.

II.

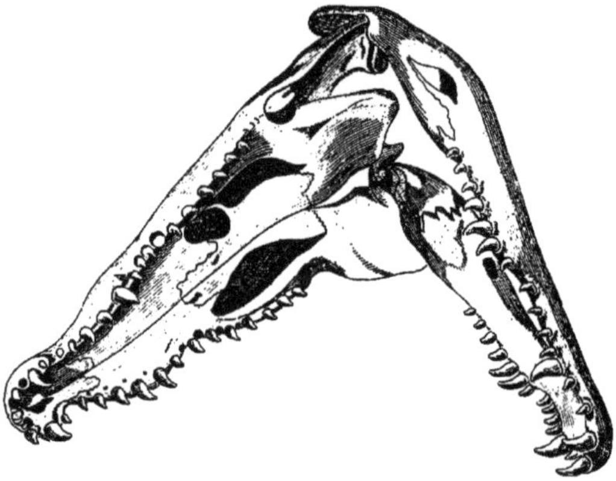

DAS CROCODIL VON ST. DOMINGO.

Zu den in neuerer Zeit entdeckten Thieren gehört auch das Crocodil von St. Domingo, welches zuerst durch den französischen General *Leclerc* näher bekannt wurde, welcher zwei Exemplare davon nach Frankreich an dortige Naturforscher sendete. Bisher glaubte man, Amerika besäſse nur eine Art des Crocodils, den *Caiman*, welchen wir im IV. Bd. No. 14. d. Bildb. abgebildet sahen. Doch das in St. Domingo entdeckte und hier abgebildete stellt eine neue zweite, ganz verschiedene Art auf, so daſs wir jetzt zwei amerikanische Crocodile kennen, nämlich den *Caiman* und das Crocodil von St. Domingo. — Letzterer ist vom *Caiman* in Hinsicht der Gröſse und durch andere Eigenschaften ganz verschieden, und kömmt mehr mit dem groſsen Nil-Crocodil überein, so daſs man es zuerst mit diesem für eine und dieselbe Art hielt. Doch nähere Untersuchungen haben den Unterschied hinlänglich dargethan.

Bei Fig. II. sehen wir den Schädel eine Nil-Crocodils mit aufgerissenem Rachen, um die groſsen mörderischen Zähne dieses fürchterlichen Thieres noch deutlicher zu sehen.

LE CROCODILE DE ST. DOMINGUE.

On compte parmi les animaux, que l'on a découverts de nos jours, le Crocodile de St. Domingue. C'est par le Général François *Leclerc*, qui en envoya deux aux naturalistes de France, qu'on en a eu une connaissance plus parfaite. Jusqu'à ce moment on avait été dans l'opinion qu'il n'y avait en Amérique qu'une seule espèce de Crocodile, savoir le *Caiman*, que nous avons vu déjà dans le 4e volume No. 14 de ce porte-feuille d'enfans. Cependant celui qu'on a découvert à St. Domingue, et que nous voyons dépeint ici, nous en offre une seconde espèce entièrement distincte de la première, de sorte que nous en connaissons deux espèces, savoir: le *Caiman* et le *Crocodile* de *St. Domingue*. Le dernier diffère du *Caiman* par la grandeur et par d'autres propriétés; il a beaucoup plus de rapports avec le grand Crocodile du Nil; ceux-ci même sont si frappans, qu'on a d'abord pris une espèce pour l'autre. Mais des observations plus exactes en ont démontré suffisament la différence.

La IIe Fig. nous représente le crâne d'un Crocodile du Nil, la gueule béante, pour nous donner une idée plus juste des dents meurtrières de ce terrible animal.

THE CROCODILE OF ST. DOMINGO.

Among the animals discover'd in modern times is also to be reckon'd the Crocodile of St. Domingo, of which we first were nearer inform'd by the french General *Leclerc*, who sent a couple of them to France for the naturalists there. Hitherto they imagin'd, that America possess'd but one species of Crocodile, the *Caiman*, which we see the draught of in the IV. Vol. No. 14. of our gallery. However that, which was discover'd at St. Domingo, and here is represented, exhibits a second, new and quite different species, so that we at present know two American Crocodiles, viz. the *Caiman* and the *Crocodile of St. Domingo*. The last entirely differs from the *Caiman*, with regard to the bignefs and by other qualities, more resembling to the great Nile-Crocodile, so that at first it was thought to be one and the same species with this. Yet more accurate researches have sufficiently evinced the difference.

Fig. II. represents the skull of a Nile-Crocodile, with gaping jaws, where the large murderous teeth of this terrible animal are more distinctly to be seen.

IL COCCODRILLO DI SAN DOMINGO.

Agli animali scoperti ne' tempi moderni appartiene il Coccodrillo di San Domingo, di cui *Leclerc*, Generale francese, ci diede notizie più esatte, mandandone due esemplari a' fisici della Francia. Per lo passato si credeva che nell' America non s'incontrasse se non una sola spezie del Coccodrillo, cioè il *Caimano*, il cui ritratto abbiamo veduto in Tom. IV. No. 14 di questo libro; ma questo, che vediamo dissegnato nella tavola presente e che venne scoperto in San Domingo, ci rappresenta una nuova spezie del tutto differente, di modo che finora conosciamo due Coccodrilli dell' America, cioè il *Caimano* e'l Coccodrillo di San Domingo. Questo differisce dal *Caimano* nella grandezza ed in altre qualità rassomigliandosi più al gran Coccodrillo del Nilo, laonde da prima si credeva che ambedue fossero d'una medesima spezie; ma ricerche più esatte assai sufficientemente cen' hanno dimostrato la differenza.

Fig. II. ci fa vedere il teschio d'un Coccodrillo del Nilo, a gola spalancata, a fine di scorgere più distintamente i denti micidiali di questo animale spaventevole.

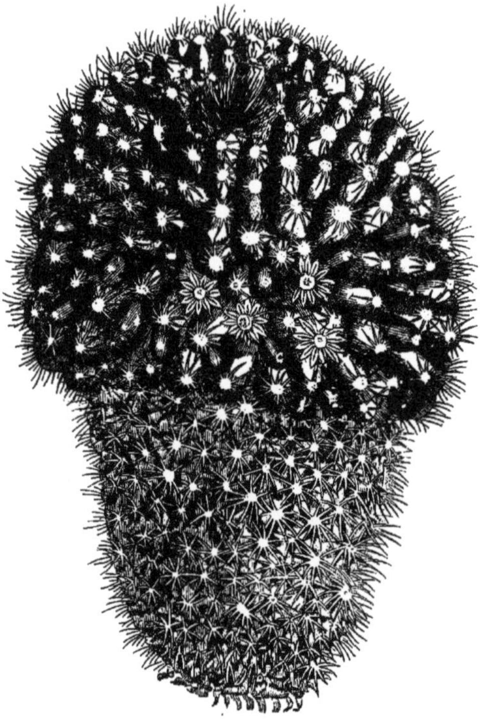

DIE BRUSTFÖRMIGE FACKELDISTEL.

Wir haben schon mehrere schöne Arten der Fackeldistel kennen lernen, welche im südlichen Amerika einheimisch sind. Auf gegenwärtiger Tafel sehen wir die *brustförmige Fackeldistel* (Cactus mammillaris), eine sehr artige Pflanze, in ihrer natürlichen Gröſse abgebildet. Sie zeigt auf ihrer Oberfläche eine Menge längliche Halbkugeln, mit gelblichen Blüten. Die rothe birnförmige Frucht hat inwendig ein gelbliches Fleisch. Sie ist von angenehm süſslichem Geschmack, und wird von den Indianern gegessen.

Diese *Fackeldistel* blüht im Sommer und trägt den folgenden Frühling reife Saamenkörner. Ihr Vaterland sind die Inseln von Süd-Amerika, wo sie in den Spalten der Felsen wächst. Doch seit langer Zeit findet sie sich auch in den botanischen Gärten von Europa, wo man sie aber das ganze Jahr im Treibhause halten muſs. Man vermehrt sie entweder durch Saamenkörner, oder durch den oberen abgeschnittenen Theil der Pflanze.

LE CIERGE À MAMELONS.

Nous avons déjà vu plusieurs jolies espèces de ces Cierges, originaires de l'Amérique méridionale. La planche ci-jointe nous montre dans sa grandeur naturelle *le Cierge à Mamelons*, qui est une très-belle plante. Sa surface est couverte d'une quantité de mamelons alongés, et porte des fleurs jaunâtres. Le fruit, d'un rouge vif, en forme de poire, a en dedans une pulpe jaunâtre; il est doux et agréable; les Indiens le mangent avec plaisir.

Le *Cierge à Mamelons* fleurit en été, et ses graines sont mûres au printems suivant. Il est originaire des îles de l'Amérique méridionale, où il croît dans les fentes de rochers. Cependant on le cultive depuis longtems dans les jardins botaniques d'Europe, mais il a besoin de rester toute l'année dans la serre-chaude. On le multiplie, soit au moyen de ses graines, soit en coupant sa sommité.

CACTUS MAMILLARIS.

We already know several beautiful species of the Cactus, which are native in South-America. The present table represents us the *Cactus mamillaris*, a very fine plant, depicted in its natural greatneſs. It shows on its surface a great many longish semi-globes with yellowish blossoms. The red fruit form'd like a pear has within a yellowish flesh. It is of an agreeable sweetish savour, and is eaten by the Indians.

This *Cactus* flourishes in the summer, and bears the next spring ripe grains of seed. Its native country are the Islands of South-America, where it grows in the crevices of rocks. Yet long ago it is also found in the botanic gardens of Europe, but where it must be kept through the whole year in the hot-house. It is encreased or by grains of seed or by the upper part, that is cut off, of the plant.

IL CARDO STELLATO A MAMMELLA.

Abbiamo già imparato a conoscere molte bellissime spezie del cardo stellato che sono originarie dell'America meridionale. Nella tavola presente ne vediamo dissegnato il *cardo stellato a mammella* (Cactus mammillaris) in grandezza naturale. Sulla superficie si fà vedere un' infinità d'emisferi oblonghi e di fiori giallicci. Il frutto rosso, in forma di pera, ha di dentro una carne gialligna che serve di nutrimento agl' Indiani pel suo sapore dulcigno.

Il *cardo stellato* sboccia in tempo di state, portando grani seminali che giugnono alla maturità la primavera susseguente. Esso è nativo dell' isole dell' America meridionale dove cresce nelle fessure delle rupi; ma, da gran tempo in quà, ritrovasi anche ne' giardini botanici dell' Europa, dove bisogna conservarlo nelle stufe. Viene propagato per mezzo di grani seminali ovvero mediante la parte superiore tagliata della pianta.

EIN STÜCK EINES AUSGEGRABENEN ELEPHANTEN-WAFFEN-ZAHNS.

Vor wenig Jahren entdeckte ein wissenschaftlich gebildeter Gutsbesitzer in Frankreich, Namens *Lavalette*, bei dem Aufräumen einer Quelle in seinem Garten, nur fünf Fuſs tief unter der Erdoberfläche, ein zwei Fuſs groſses, oberes Ende eines Elephanten-Waffen-Zahns, ringsum von Tuffstein umgeben. Einen Theil davon sehen wir hier abgebildet. Das Elfenbein war bis auf die äuſsere Kruste noch vollkommen brauchbar.

Es gehört zu den gröſsten Merkwürdigkeiten der frühern Geschichte unsers Erdkörpers, daſs nicht bloſs in Teutschland, sondern fast in allen Theilen von Europa und Asien bis nach Sibirien hinauf, Elephanten-Gerippe und Zähne, nie sehr tief unter der Erdoberfläche ausgegraben werden, die, noch ehe Menschen existirten, unsern Erdkörper schon bevölkerten. Es ist jetzt durch die Kunde der vergleichenden Anatomie erwiesen, daſs diese ausgegrabenen Gerippe weder zum afrikanischen noch asiatischen Elephanten, den beiden einzigen noch lebenden Arten dieses Thiers gehören; sondern diese Knochen-Ueberreste rühren von dem *Elephanten der Vorwelt* her, wovon man bis jetzt keine lebende Spur mehr gefunden hat.

Die weitere Ausführung dieser interessanten Materie findet man in dem Commentar zu vorliegender Nummer.

MORCEAU D'UNE DÉFENSE D'ÉLÉPHANT, QU'ON A DÉTERRÉE.

Il y a peu d'années que Mr. *Lavalette*, possesseur très-instruit d'une terre en France, trouva à 5 pieds de profondeur sous terre, en faisant nettoyer une source dans son jardin, le bout supérieur de la défense d'un Éléphant, le quel avait deux pieds de long, et était entièrement entouré de Tuf. Nous en voyons une partie dépeinte ici. L'ivoire en était bonne jusqu'à la croute extérieure.

Une des plus grandes particularités, de la première histoire de notre globe, c'est qu'on a déterré, toujours à très-peu de profondeur, non seulement en Allemagne, mais presque dans toutes les contrées de l'Europe et de l'Asie, jusqu'en Sibérie, des carcasses et des dents d'Éléphans, qui peuplaient notre globe, avant que les hommes n'existassent. L'art de l'Anatomie comparative a prouvé que les carcasses déterrées n'appartiennent ni aux Éléphans d'Afrique ni a ceux d'Asie, qui sont les deux seules espèces existantes maintenant. Ces restes proviennent des *Eléphans* qui ont existé dans les premiers tems, et dont on n'avait trouvé jusqu'ici aucune trace vivante.

On trouve l'explication plus détaillée de cette intéressante matière dans le commentaire du présent Numéro.

A FRAGMENT OF A DUG OUT ELEPHANT'S TOOTH.

A few years ago a scientifical landlord in France, whose name is *Lavalette*, discover'd at the clearing of a fountain in his garden, but 5 feet deep, under the surface of the earth, an upper end of two feet, of an Elephant's tooth, all-over surrounded with tophus. A part of it we view here represented, the ivory was, besides the exterior crust, still perfectly useful.

It is one of the most remarkable things of the earlier history of our globe, that not only in Germany, but almost in all parts of Europe and Asia, as far as Siberia, skeletons and teeth of Elephants, which already peopled our earth, before men existed, at a small depth under the surface of the earth, are dug out. It is now by the knowledge of comparative Anatomy evinced, that these dug out skeletons belong neither to the African nor Asiatic Elephant, the two only yet living kinds of this animal. But these remains of bones come from the *Elephant* of the primitive world, of which till now no living trace has been found.

The more ample explanation of this interesting matter will be found in the commentary upon this Number.

PEZZO D'UN DENTE CANINO SCAVATO D'UN' ELEFANTE.

Non è ancora guari di tempo passato che 'l Sgr. *Lavalette*, uomo assai scienziato e padrone d'una tenuta nella Francia, facendo rassettare una fonte del suo giardino, scoperse, a 5 piedi di profondità, il canto superiore d'un dente canino d'un' elefante, di 2 piedi d'altezza, attorniato di tufo, di cui l'una parte vediamo dissegnata nella tavola presente. L'avorio n'era buonissimo e del tutto intiero fuorchè l'estremità della crosta.

Alle cose le più memorabili della storia antica del nostro globo terrestre appartiene bensì la scoperta di scheletri e di denti d'elefanti che vengono disotterrati, a pochi piedi di profondità, non solamente nella Germania ma quasi in tutte le parti dell' Europa e dell' Asia, e che abitarono questo globo terrestre prima dell' esistenza degli uomini. La cognizione dell' anatomia paragonante ci ha dimostrato evidentemente che questi scheletri scavati non appartengono nè agli elefanti dell' Africa nè a quegli dell' Asia, che sono le sole spezie, finora esistenti, di questo animale. Al contrario tutte queste ossa derivano dagli *elefanti dell' antichità*, di cui finora non si sono scorto più indizi.

La spiegazione ulteriore di questa materia interessante ritrovasi nel comentario del numero presente.

II.

DIE GROTTE VON ANTI-PAROS.

Diese merkwürdige Höhle befindet sich auf *Anti-Paros*, einer kleinen, meistens unbedeutenden Insel im griechischen Archipelagus. — In ältern Zeiten war diese Grotte nicht bekannt, und in spätern Zeiten wurde sie zuerst vom Herrn *von Nointel*, französischem Gesandten in Constantinopel, im Jahre 1673 besucht, welcher mit einem ansehnlichen Gefolge die Weihnachtsfeiertage in dieser Höhle zubrachte.

Fig. 1. Der Eingang der Höhle.

Der obere Eingang der Höhle bildet ein Felsengewölbe, wo links eine Oeffnung hinabführt, zu der man gelangt, indem sich die Besuchenden mittelst eines, um den natürlichen Felsenpfeiler gewundenen, Strickes herablassen. Brennende Fackeln sind wegen der Dunkelheit höchst nöthig.

Fig. 2. Innere Ansicht der Höhle.

Die Besuchenden gelangen nun, nachdem sie von oben den ersten Abgrund hinunter sind, auf mehrere Abhänge, die zum Theil wegen der rechts liegenden tiefen Klüfte nicht ohne Gefahr sind. Noch mehrmals müssen die Reisenden an Stricken beträchtliche Felsenwände herabgelassen werden; — doch nach überstandenen Gefahren belohnt die Muthigen auch ein desto prächtigeres Anblick. Man gelangt nämlich zuletzt in den Fig. II. abgebildeten Felsensaal. Hier sieht man deutlich, dafs die ganze Grotte durch Tropfstein gebildet wurde. — Die prächtigsten Stalaktiten-Zapfen hängen vom Gewölbe der Höhle herab, und steigen vom Boden empor. Eine mächtige Tropfsteinmasse bildet in der Mitte eine Erhöhung. Hier war es, wo Hr. *v. Nointel* am Christfeste 1673 eine Messe lesen liefs; weswegen diese Stelle seitdem der Altar heifst.

LA GROTTE D'ANTI-PAROS.

Cette, Grotte si digne d'être vue, se trouve à *Anti-Paros*, petite île peu importante, située dans l'Archipel de la Grèce. Elle n'a point été connue des anciens, et même elle n'a été visitée de nos jours qu'en 1673, par Mr. *de Nointel*, ambassadeur de France à Constantinople, qui y passa les fêtes de Noël avec une suite nombreuse.

Fig. 1. Entrée de la Grotte.

L'entrée supérieure de la caverne est formée par une voute de rocs, à gauche de laquelle se trouve une ouverture. Pour y arriver, les voyageurs se font descendre par le moyen d'une corde, passée autour d'un pilier naturel de roc. L'obscurité rend des flambeaux allumés indispensables.

Fig. 2. Intérieur de la Grotte.

Après avoir passé ce premier gouffre, les voyageurs viennent sur plusieurs petites pentes, qui ne laissent pas d'être en partie dangereuses, vu les profonds abymes, qui se trouvent à droite. Il y a encore plusieurs rochers, le long desquels il faut descendre avec des cordes ceux qui visitent la grotte; mais ils sont aussi richement récompensés de leur fatigue par le coup d'oeil le plus magnifique. Ils arrivent dans la salle de roches, dépeinte à la fig. 2. On voit bien clairement que toute la grotte est formée de stalactites. Les plus belles chandelles de stalactites pendent de la voute de la caverne, et s'élèvent d'en bas. Une forte masse de stalactites forme au milieu une élévation, sur la quelle Mr. de *Nointel* fit dire la messe le jour de Noël en 1673; aussi depuis ce moment cet endroit s'appelle-t-il l'autel.

THE GROTTO OF ANTI-PAROS.

This remarkable cave is found on *Anti-Paros*, a small and insignificant Island in the Greek Archipelago. In ancient times this grotto was unknown, and in the later ones it was first visited in the year 1673 by Mr. de *Nointel*, french Ambassador at Constantinople, who with a considerable retinue pafs'd the Christmafsdays in that grotto.

Fig. 1. The entry to the cave.

The superior entry to the cave forms a vault of rock, where at the left side an opening leads down, to which the visiters arrive, by letting down themselves by means of a rope, they wind around the natural pillar of rock. Lighted torches are highly necessary to dispel the obscurity.

Fig. 2. The interior view of the cave.

The visiters, when they are got down from above the first precipice, come to several slopes, which on account of the deep caverns that lie on the right, partly are not without danger. More frequently the travellers by means of ropes must be let down considerable rocky walls; yet the danger being past, the courageous is rewarded by a sight so much the more brilliant. For at last one comes to the hall of rock represented Fig. II. where one clearly perceives, that the whole grotto was form'd by stalactites. The most splendid stalactites-points hang down from the vault of the cave, and rise from the ground. A large mafs of stalactites forms in the middle an elevation. Here it was, where Mr. de *Nointel* on Christmafsday 1673 order'd to say mafs, wherefore this spot since that time is call'd the altar.

CAVERNA D'ANTI-PAROS.

Questa caverna rimarchevole ritrovasi in *Anti-Paros*, piccola isola di poco conto nell' Arcipelago della Grecia. Questa grotta, sconosciuta ne' tempi antichi, non venne scoperta che nel 1673 dal Sgr. *di Nointel*, ambasciadore francese in Costantinopoli, il quale, con grandissimo seguito, vi passò i giorni del Natale.

Fig. 1. Entrata della caverna.

L'entrata superiore della caverna forma una rupe a volta, dove a man manca pende in giù un' apertura, alla quale il viaggiatore giugne col calarsi per mezzo d'una fune avvolta d'intorno al pilastro naturale. Bisogna servirsi di torchj accesi a cagione dell' oscurità.

Fig. 2. Vista interiore della caverna.

I viandanti, dopo essere discesi dall' alto nel primo baratro, giugnono su più pendici le quali in parte sono assai perigliose a motivo de' profondi precipizj situati a man destra. Fà mestiere che i viaggiatori, col mezzo di funi, più volte discendano rasente a rupi altissime per potere godere della ricompensa del loro coraggio e de' perigli da loro provati, rappresentandosi agli occhi la vista la più magnifica. Alla fine si giugne alla grotta dissegnata in fig. II., dove si scorge assai manifestamente, tutta la caverna essere formata di stallattiti. I pilastri di stallattite penzolano dall' alto in giù e s'alzano dal fondo all' in sù. Un' ammasso grandissimo di stallattiti forma nel mezzo un poggio. Quivi il Sgr. di *Nointel* fece dire la messa, la festa del Natale del 1673, onde questo luogo, da quel tempo in quà viene chiamato Altare.

A.

B.

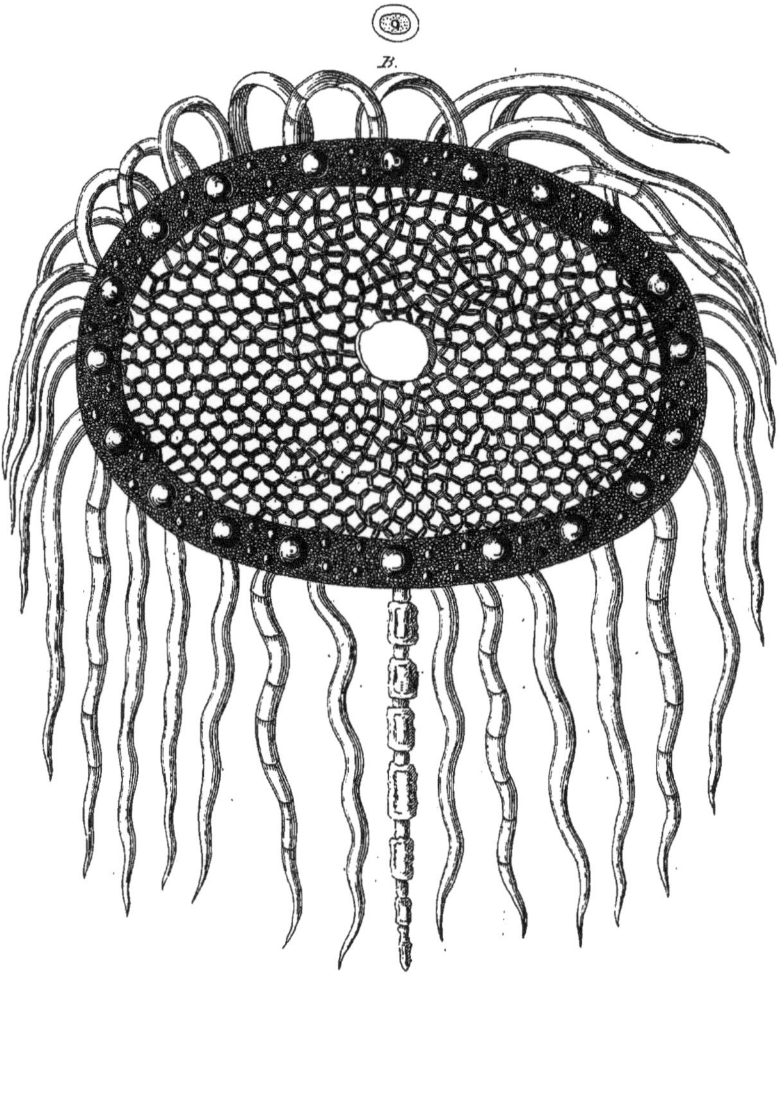

MIKROSKOPISCHE DARSTELLUNG VON DEM BAUE DES DISTELMARKES.

Wie grofs und bewunderungswürdig erscheint nicht die Weisheit des Schöpfers auch bei der geringsten Pflanze, wenn wir sie durch Hülfe des Mikroskops vergröfsert erblicken! — Der einfache Querdurchschnitt (A.) unserer *gemeinen Ackerdistel* (Carduus acanthoides) zeigt vergröfsert bei B. die künstlichste Zusammensetzung seiner Bildung. Das innere Mark besteht aus einem Gewebe zarter sechseckiger Zellen, durch welche die Nahrungssäfte in die Höhe steigen, und sich vertheilen. In der Mitte geht eine grofse Oeffnung durch den ganzen Stängel, welche mit dem Alter zunimmt, wo das Mark durch Austrocknung sich immer mehr zurückzieht. Das zellige Mark umgiebt wie ein Ring der eigentliche Pflanzenstängel, der auf seinem Durchschnitte viele runde, gröfsere und kleinere Oeffnungen zur Circulation der Säfte zeigt. Aufserhalb sehen wir wie Trotteln die vergröfserten Haare des äufsern Distelstiels herabhängen, welche gleichfalls die Feuchtigkeiten von aufsen an sich ziehen, und so die Pflanze nähren helfen.

REPRÉSENTATION AU MICROSCOPE DE LA STRUCTURE DE LA PULPE DE CHARDON.

Que la sagesse du créateur nous paraît grande et admirable même dans la moindre des plantes, que nous considérons avec le microscope. Le simple contour (A.) d'un *chardon acanthin ordinaire* montre, grossi à B., la composition industrieuse de sa structure. La pulpe intérieure est formée d'un tissu de cellules sexagones extrêmement fines, à travers les quelles montent les sucs nourriciers et se distribuent. Au milieu, se trouve, le long de la tige, une ouverture, qui s'accroît avec l'âge, où le marc se retire de plus en plus par le desséchement. La pulpe cellulaire entoure, comme un anneau, la tige proprement dite de la plante, la quelle dans sa coupe a plusieurs ouvertures grandes et petites pour la circulation des sucs. Nous voyons les poils grossis de la tige du chardon pendre en dehors; ils aident aussi à pomper l'humidité et concourent ainsi à nourrir la plante.

MICROSCOPIC REPRESENTATION OF THE STRUCTURE OF THE THISTLE - PITH.

How great and admirable does not appear the wisdom of the Creator in the meanest plant itself, when we behold it magnifie'd by means of the microscope. The simple crofs cut (A.) through a *common welted thistle* (Carduus acanthoides) shows magnifie'd (B.) the most artificial composition of its shape. The interior pith consists of a texture of nice hexagonal cells, through which the sap of nourishment rises and distributes itself. In the midst a great opening pervades the whole stalk, which increases with the age, when the pith by drying up withdraws itself still more and more. The cellular pith is surrounded, as with a ring, with the proper stalk of plant, which shows, when cutted through, many round larger and lesser openings for the circulation of the sap. Externally we see the magnifie'd hairs of the exterior stalk of the thistle, like tassels hanging down, which likewise attract from without the moisture, and thus help to nourish the plant.

RAPPRESENTAZIONE A MICROSCOPIO DELLA STRUTTURA DELLA MIDOLLA DE' CARDI.

In qual grandezza, degnissima d'ammirazione, non ci si fà vedere la sapienza del creatore anchè nella più picciola pianta, se la riguardiamo col mezzo del microscopio! La semplice intersezione traversale (A.) d'un cardo nostrale, (carduus acanthoides) aggrandito, offre la composizione artificiale della sua struttura (B). La midolla interiore è composta d'un tessuto sottile di cellule esagone, pelle quali i succhi nutritivi s'alzono e si distribuiscono. Dal centro sorte una grande apertura per tutto 'l fusto, la quale s'accresce coll' andare del tempo, ristrignendosi la midolla a poco a poco per via del diseccamento. La midolla cellulare, a guisa d'enello, abbraccia il fusto, il quale, intersecato, ci rappresenta molte aperture più o meno grandi che servono alla circolazione de' succhi. Al di fuori vediamo i peli aggranditi del picciuolo che pendono in giù, a guisa di fiocchi, servendo al nutrimento della pianta coll' assorbire gli umori esteriori.

DIE TRAJANS - SÄULE IN ROM.

Zu den schönsten Ueberresten alter römischer Baukunst gehört die noch jetzt zu Rom stehende herrliche Denk-Säule, welche Kaiser *Hadrian* im Namen des römischen Volks zu Ehren seines grofsen Vorgängers, des Kaisers Trajan, auf dem von letzterem erbaueten prächtigen Marktplatze oder *Forum*, errichten liefs. Diese, von dem berühmten Baumeister *Apollodorus* errichtete Säule ist ohne das Piedestal (zu 17 Fufs) 118 Fufs hoch, und aus 34 grofsen Marmorblöcken zusammengesetzt. Sie ist inwendig hohl, und auf 185 marmornen Stufen gelangt man auf die oberste Platte des Säulenkopfs, von wo man über einen Theil von Rom eine entzückende Aussicht hat. Die Aufsenseite der Säule zieren die vortrefflichsten halberhobenen Bildhauerarbeiten, welche spiralförmig um das Ganze laufen. Diese beziehen sich auf die Thaten Trajans, vorzüglich auf die Besiegung der Dacier, welches alles in mehr als 1500 ganzen und halben Figuren ausgedrückt ist. — Ursprünglich stand auf dieser Säule die bronzene Statue *Trajans*, welche in der folgenden Zeit zerstört wurde. Deswegen liefs der Papst *Sixtus V.* im Jahre 1589 die colossale Statue des Apostels *Petrus* darauf errichten, welche noch steht, so wie wir das Ganze hier abgebildet sehen.

LA COLONNE DE TRAJAN À ROME.

La superbe Colonne, qui existe encore à Rome, que l'Empereur *Adrien* fit ériger au nom du peuple romain en l'honneur de son illustre prédécesseur, l'Empereur *Trajan*, sur la place magnifique, ou le *forum*, que ce dernier avait fait construire, est un des plus beaux restes de l'architecture des anciens Romains. Cette Colonne mémoriale, construite par le célèbre architecte *Apollodorus*, a sans son piédestal de 17 pieds, 118 pieds de haut, et est composée de 34 énormes blocs de marbre. Elle est creuse en dedans; il faut monter 185 degrés de marbre pour parvenir sur le tailloir supérieur du chapiteau, où l'on a le coup d'oeil le plus ravissant sur une partie de la ville de Rome. L'extérieur est orné des plus beaux bas-reliefs en ligne spirale autour du tout. Ceux-ci se rapportent aux actions de *Trajan*, mais surtout à ses victoires sur les Daces. Le tout est exprimé par plus de 1500 figures entières ou demi-figures. Dans le commencement il y avait au haut de cette Colonne la statue en bronze de *Trajan*, la quelle fut détruite dans la suite. Le pape *Sixte V.* y fit placer en 1589 la statue colossale de l'apôtre *Pierre*, qui y est encore, comme nous le voyons dans la planche ci-jointe.

THE COLUMN OF TRAJAN AT ROME.

To the most beautiful remains of ancient Roman architecture belongs the glorious monument still existing at Rome, which the Emperor *Hadrian*, in the name of the Roman people, erected to the honour of his great antecessor, the Emperor *Trajan*, on the magnificent market place or *Forum*, constructed by the last. This column, raised by the famous architect, *Apollodorus*, is without including the pedestal (of 17 feet) 118 feet high, and composed of 34 large marble-blocks. Inwardly it is hollow; on 185 marble-steps one gets to the uppermost plate of the chapiter, from whence one enjoys an enchanting prospect over a part of Rome. The outside of the column is adorn'd with the most exquisite sculptures, in bass-relief, spirally running around the whole. They refer to the actions of *Trajan*, chiefly to the vanquishing of the Dacians, which is express'd by more than 1500 entire and half figures. At first stood on this column the bronce-statue of *Trajan* that in the subsequent time was destroy'd. Therefore the Pope *Sixtus V.* commanded in the year 1589 to erect upon it the colossal statue of the Apostle *Peter*, still extant, as we see the whole here represented.

COLONNA DJ TRAJANO IN ROMA.

A' monumenti i più belli dell' antica architettura romana appartiene questa colonna pomposa che ritrovasi ancora oggidì in Roma. L'Imperadore *Adriano* la fece innalzare in onore del suo gran predecessore, dell' Imperadore *Trajano*, sulla magnifica piazza del mercato ossia *Foro* da esso edificata. Questa colonna, costrutta dal celebre architetto *Apolladoro*, ha 118 piedi d'altezza senza il piedestallo (alto 17 piedi) essendo composta di 34 gran pezzi di marmo. È cava al di dentro; 185 scalini di marmo conducono alla lastra superiore del capitello della colonna, dove si gode d'una bellissima prospettiva sovra una parte di Roma. L'esteriore della colonna è adorno delle più eccellenti opere di scoltura in bassorilievo che accerchiano il tutto a chiocciola. Esse si riferiscono alle geste dell' Imperadore *Trajano*, massimamente alla vittoria riportata sovra i Dacj; tutto ciò è spiegato in più di 2500 figure intiere e mezze. Altre volte su questa colonna fù posta la statua di bronzo di *Trajano*, la quale poscia venne distrutta. Pella qual cosa il Papa *Sisto V.* nel 1589 ivi sopra fece innalzare la statua colossale dell' Apostolo *Pietro* che visi trova finora, siccome vediamo dissegnato il tutto nella tavola presente.

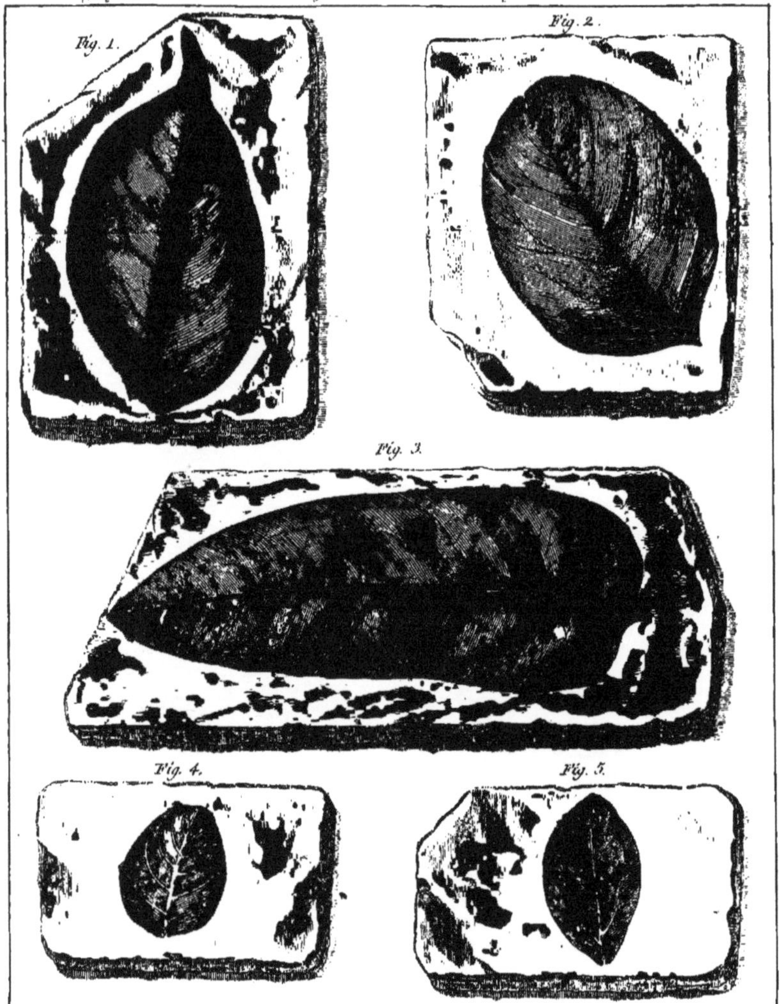
Fig. 1.
Fig. 2.
Fig. 3.
Fig. 4.
Fig. 5.

VERSTEINERTE BLÄTTERFORMEN AUS DER URZEIT.

Zwischen einer dünnschiefrigen Steinart bei dem Schlosse *Rauche-sauve* unweit dem Marktflecken Chaumerac im Departement de l'Ardéche in Frankreich, findet man beim Nachgraben und Auseinanderbrechen der dünnen Steinschichten eine Menge halbverkohlter, halbversteinerter Blattformen. Noch vorhandene grünende Originale dieser Blätter finden sich in der dortigen Gegend gar nicht, und einige wenige ausgenommen, überhaupt nicht mehr auf der Erde. Diese gegenwärtig versteinerten Blätter stammen mithin von Pflanzen her, welche ehemals vor Jahrtausenden während der Entstehung jener Steinschichten in jener Gegend wuchsen, nunmehr aber weder in jener Gegend, noch kaum anderwärts auf dem Erdboden unter den belebten Pflanzen noch angetroffen werden.

FORMES DE FEUILLES PÉTRIFIÉES DU TEMS PRIMITIF.

On trouve en France près du château de *Roche sauve*, non loin du bourg de Chaumerac, Département de l'Ardèche, en fouillant les couches minces d'une pierre legére plusieurs formes de feuilles en partie carbonisées et en partie pétrifiées. D'après les observations les plus exactes, on a trouvé qu'elles ne ressemblent point du tout aux feuilles des plantes, qui croissent maintenant dans les environs, et très rarement à celles qui croissent dans tout le continent. Ces feuilles, maintenant pétrifiées et placées parmi des couches de pierre, proviennent par conséquent de plantes, indigènes à ces contrées, lors de la formation de ces couches de pierres, mais que l'on ne trouve plus du tout parmi les plantes vivantes dans ces environs, et que l'on trouve à peine encore dans les pays éloignés des autres zones.

PETRIFIED FORMS OF LEAVES OUT OF THE PRIMITIVE TIME.

Between a thin-slaty sort of stone near the castle *Rauche-sauve*, not far from the borough Chaumerac in the Department de l'Ardeche in France one finds at the digging and breaking asunder of the thin beds of stone a great many forms of leaves half burnt to coals, half petrified, which hardly now and then, mostly not at all are found exactly agreeing with leaves of plants, that at present appear upon earth, still lefs with those in yon country. Consequently these leaves at present petrified and inclosed between beds of stone originate from plants, which formerly a thousand years ago grew in that country, in the mean time that those beds of stone form'd themselves, but now are not met with among the flourishing plants, neither in that country, nor elsewhere in far distant lands of other zones.

FOGLIE PIETRIFICATE DEL TEMPO PRIMITIVO.

Nella vicinanza del castello *Rauche-sauve*, presso al borgo Chaumerac, nel dipartimento de l'Ardeche nella Francia, fra pietre sfaldate, nello scavare e spezzare degli strati di pietre, s'incontra un' infinità di foglie abbronzate e mezzo pietrificate, le quali, esaminate più attentamente, rare volte e per lo più non si trovano punto conformi alle foglie delle piante verdeggianti che nascono oggidì generalmente in sulla terra, non chè a quelle che sono originarie di quelle regioni. Pella qual cosa queste foglie pietrificate e racchiuse negli strati di pietre sono prodotte da piante, le quali, da molti secoli in quà, crebbero in quella contrada, durante la formazione di queglj strati di pietre, ma che non si trovano oggidì nè in quella regione nè altrove, in paesi più lontani d'altri climi, fra piante lussoreggianti.

SCENEN AUS AFRIKA.

Unsere jungen Leser haben schon oft von den unglücklichen Negern in Afrika gehört, welche das Vorurtheil der Europäer auf die unterste Stufe der Cultur fast den Thieren gleich stellt, und sie als Sclaven auf das unmenschlichste behandelt. Doch diese verachteten schwarzen Menschen von Afrika haben auch höhere Geistes-Anlagen, wie wir aus der vorliegenden Kupfertafel sehen. Im Vordergrunde sitzt unter einem Pisangbaume eine junge Negerin, welche über das bei ihnen sehr beliebte Spiel *Uri* nachdenkt. Dieses Spiel besteht aus einem in viele Fächer getheilten Kasten, wo zwei Spielerinnen jede mit 21 Kugeln wechselsweise und nach gewissen Regeln die Fächer besetzen. Welche zuerst alle 21 Steine anbringt, hat gewonnen. — Dieses Spiel soll schwieriger als unser bekanntes Damen-Spiel seyn, und von früher Jugend an sieht man in Afrika junge Negerinnen einsam sitzen, und durch Nachdenken sich in diesem Spiele üben.

Im Hintergrunde sehen wir einen Beweis der körperlichen Geschicklichkeit der Negern, nämlich die Art, wie die Negersclaven den durch Einschnitte in die Palmen in Flaschen geronnenen Saft oder Palmen-Wein herabholen. Der Negersclave schlingt einen Kreis von Baumrinden um sich und die Palme, und indem er diesen Reif über die Schöfslinge des Baums fortschiebt, so klettert er durch das Anstemmen der Füfse hinauf und herab.

SCÈNES D'AFRIQUE.

Nos jeunes lecteurs ont entendu souvent parler des malheureux Nègres d'Afrique, que le préjugé des Européens place au dernier degré de la culture presque de niveau avec les brutes, et que l'on traite, comme esclaves, de la manière la plus inhumaine. Ces Nègres, si méprisés, ne laissent cependant pas d'être doués de talens, comme la planche ci-jointe nous le prouve. Sur le devant on voit une jeune Négresse assise sous un arbre, méditant le jeu favori d'Afrique, nommé *Uri.* Ce jeu exige une espèce de caisse, divisée en plusieurs compartimens, que deux joueuses doivent occuper tour-à-tour. chacune avec 21 boules et d'après des règles fixes. Celle qui la première place les 21 pions a gagné. Ce jeu doit être beaucoup plus difficile que notre jeu des dames. Dès leur plus tendre jeunesse, on voit des Negresses assises à l'écart s'éxercer par la réflexion dans ce jeu.

Nous voyons dans le fond une preuve de l'adresse corporelle des Nègres, c'est la manière, dont les esclaves nègres montent chercher le vin de palmier, ou suc qui a coulé par des incisions dans des bouteilles. Le Nègre s'entrelace lui et le palmier d'un cercle d'écorce d'arbre; c'est en le poussant au-dessus des bourgeons au moment où il appuie ses pieds contre l'arbre, qu'il monte et descend.

SCENE IN AFRICA.

Our young readers have already often heard of the unhappy Negros in Africa, whom the prejudice of Europeans places on the lowest step of culture, almost level to the beasts, treating them as slaves in the most unhuman manner. However these despised black men of Africa have also higher dispositions of mind, as the present plate will show us. In the foreground sits under a Bananatree a young Negro-woman, meditating upon the play of *Uri* so much belov'd by them. This play consists of a chest divided into many compartments, where two female players, each with 21 bowls, alternatively and according to certain rules fill the compartments. Who first applies all the 21 bowls, has won. This play is said to be more difficult, than our game at draughts, and one sees in Africa young Negro-women from their early youth sitting alone, and by meditation exercising themselves in this play.

In the background we view a proof of the corporal addrefs, viz. the manner, in which the Negro-Slaves fetch down the juice got in bottles by incisions in the palm-trees, or the palm-wine. The Negro-Slave slings a circle of bark around himself and the palm, and shoving forward this circle over the sprigs of the tree, he climbs up and down by clinging his feet to it.

SCÈNE DELL' AFRICA.

I giovani nostri lettori già spesse volte hanno sentito parlare degl' infelici negri dell' Africa, i quali vengono digradati sino all' inferiore grado della coltura dal pregiudizio degli Europei che li trattano da schiavi anzi da bestie. Con tutto ciò quegli uomini neri disprezzati sono forniti di maggiori talenti e capacità, siccome vediamo nella tavola quì aggiunta. Nel proscenio, sotto un' ananasso, è assisa una giovane negressa, che stà medicando sovra un giuoco, chiamato *Uri*, di the esse assai si dilettana. uesto giuoco, consiste in una cassetta spartita in più ripostiglj che vengono rimpiazzati a vicenda con 21 pallottole da due giuocatrici secondo certe regole, riportandone la vincita chi prima accompagna tutte le pallottole. Si dice che questo giuoco sia più difficile di quello di dama usitato fra di noi; le giovani negresse meditando esercitandosi in questo giuoco sino dalla più tenera infanzia.

Nel fondo vediamo una pruova della destrezza di corpo de' negri, cioè la maniera di cui essi si servono per portare giù in fiaschj il succo delle palme ottenuto per via d'incisioni. Il negro, attorcigliando la palma e se medesimo con corteccie d'alberi e strascinando innanzi que' cerchj sopra i rampolli dell' albero, s'arrampica all' in sù ed in giù coll' appoggiare i piedi.

ANSICHT EINES THEILS DER STADT BATAVIA.

Zu den merkwürdigsten Besitzungen der Holländer in Indien gehört die Insel Java, und die auf derselben liegende Stadt *Batavia*, der Hauptort jener weitläufigen und reichen Besitzungen. Diese Stadt wurde in den Jahren 1618 bis 1631 von den Holländern, nachdem sie die Portugiesen vertrieben hatten, erbauet, zwar auf einem morastigen ungesunden Grunde, aber wegen des daran liegenden Havens und Bai zum Handel vortrefflich gelegen. Sie ist auf europäische Art gebaut, hat 20 regelmäſsige Straſsen und zählt jetzt 5070 Häuser und 115,960 Bewohner, die aus Europäern, eingebornen Japanern, Malayen, Sinesen und Sclaven bestehen. Zur Bequemlichkeit des Handels laufen durch die breiten schönen Straſsen Canäle, an welchen hin Baumreihen den Fuſsgängern Schatten gewähren. In der hier abgebildeten Straſse steht die holländisch-reformirte Hauptkirche, ein schönes achteckiges Gebäude mit einer Kuppel. — Batavia ist der Sitz des holländischen General-Gouverneurs und Rathes über die den Holländern gehörigen Besitzungen in Indien.

VUE D'UNE PARTIE DE LA VILLE DE BATAVIA.

Parmi les possessions les plus remarquables des Hollandais dans les Indes, se trouve l'île de Java, ainsi que la ville de *Batavia* qui y est située, chef-lieu de ces possessions riches et immenses. Cette ville fut bâtie depuis 1618 jusqu'en 1631 par les Hollandais dans un terrain à la vérité marécageux et malsain mais heureusement situé pour le commerce, à cause du port et de la baie adjacente, après qu'ils en eurent chassé les Portugais. Elle est construite à l'Européenne; elle a plus de 20 rues régulières et compte dans ce moment 5270 maisons et 115,960 habitans, tant Européens qu'indigènes, Malaies, Sinèses et sclaves. On a pratiqué dans les rues larges et superbes des canaux, qui favorisent singulièrement le commerce, et le long desquels sont plantés des arbres, qui procurent un ombrage délicieux aux piétons. Dans la rue, qui est ici représentée, on voit la principale église reformée, un superbe édifice octogone avec un dôme. Batavia est le siège du conseil et du gouverneur général des possessions appartenantes dans les Indes aux Hollandais.

VIEW OF A PART OF THE CITY OF BATAVIA.

To the most remarkable possessions of the Dutch in the Indies belongs the Island of Java, and the city of Batavia situate upon it, the chief place of those extensive and wealthy possessions. This city was built by the Dutch, after they had expel'd the Portuguese, in the years 1618 till 1631, indeed upon a marshy unhealthful ground, but on account of the adjoining harbour and bay exceeding well situated for commerce. It is constructed in the European manner, has 20 regular streets, and at present 5270 houses with 115,960 inhabitants, consisting of Europeans, native Javanese, Malays, Chinese and Slaves. For the conveniency of the commerce canals are conducted through the large fine streets, along which rows of trees are affording shade to the walkers. In the street here figured stands the Dutch-Calvinist Cathedral, a beautiful octagonal building with a cupola. Batavia is the seat of the Dutch General-Governor and council with regard to the possessions of the Dutch in the Indies.

VISTA D'UNA PARTE DELLA CITTÀ DI BATAVIA.

Alle possessioni le più rimarchevoli degli Olandesi nelle Indie appartiene l'isola di Java con insieme la città di Batavia, capitale di quelle vastissime e ricchissime possessioni. Questà città venne edificata dagli Olandesi, negli anni 1618 in 1631, dopo la scacciata de' Portoghesi. Benchè il terreno sia paludoso ed insalubre tuttavia il suo situamento favorisce la mercatura a motivo del porto vicino. Essa è fabbricata alla europea; ha 20 strade regolari; il numero delle case monta a 5270 e quello degli abitanti a 115,960, i quali comprendono Europei, Giaponesi nativi, Chinesi e Schiavi. In favore della mercatura le belle e larghe strade sono attraversate di Canali, i cui viali d'alberi ombreggiano gli spasseggiatori. Nella strada quì disegnata trovasi la chiesa cattedrale riformata degli Olandesi, edifizio ottangolo di bellissima apparenza con una cupola. Batavia è la sede del governatore generale olandese e del magistrato delle possessioni appartenenti agli Olandesi nelle Indie.

Pflanzen CXIII. Plantes CXIII. Plants CXIII. Piante CX.

SELTENE AUSLÄNDISCHE PFLANZEN.

Die Riesenmäſsige Fourcroya.

(*Fourcroya gigantea.*)

Diese wegen ihres herrlichen Blütenstängels merkwürdige Pflanze ist eigentlich auf den Inseln Curassao und St. Domingo einheimisch, aber von da seit beinahe hundert Jahren in die europäischen Gewächshäuser verpflanzt worden, wo sie aber erst zwei Mal geblüht hat, ein Mal zu Schönbrunn bei Wien, das zweite Mal 1793 zu Paris. — Da man in neuern Zeiten in Frankreich gefunden hat, daſs sie ein eigenes Pflanzen-Geschlecht bildet, so hat man ihr den Namen des berühmten Chemikers, des Staatsraths *Fourcroy*, gegeben.

Dieses Gewächs sehen wir hier unterhalb der Blätterkrone abgeschnitten. Der Stamm wird 2 Fuſs hoch, und ist 2 Fuſs dick; die dicken steifen Blätter sind 5 Fuſs lang. Aus der Mitte des Stammes schieſst der 20 bis 30 Fuſs hohe prächtige Blütenstängel empor, welcher glatt und hellgrün ist. An ihm sitzen die glockenförmig gebauten und herabwärts hängenden Blüten, wie wir einige bei (A) in ihrer natürlichen Gröſse abgebildet sehen. So herrlich dieser riesenhafte Blütenstängel auch für das Auge ist, so ist doch der Geruch nichts weniger als angenehm.

PLANTES ÉTRANGÈRES RARES.

La Fourcroye gigantesque.

(*Fourcroya gigantea.*)

Cette Plante, que la superbe tige de ses fleurs rend si remarquable, est indigène aux Iles Curaçao et St. Domingue. Il y a pourtant près de 100 ans qu'on l'a transportée dans les serres-chaudes européennes, où elle n'a fleuri que deux fois; une fois à Schönbrun près de Vienne, et la seconde fois en 1793 à Paris. Mais comme on a découvert tout nouvellement en France qu'elle forme une famille particulière, on lui a donné le nom du conseiller d'état *Fourcroy*, célèbre chimiste.

Nous voyons ici cette plante coupée au-dessous de la couronne des feuilles. Le pied atteind 2 piéds de hauteur et d'épaisseur. Les feuilles épaisses et roides ont trois piéd de long. Du milieu du pied s'élève la superbe tige de fleurs de 20 à 30 pieds de haut. Elle est unie et d'un vert-clair. C'est à elle que sont suspendues les fleurs en forme de cloches, comme nous les voyons dans leur grandeur naturelle à (A.) Quelque belle que soit à la vue cette tige gigantesque, l'odeur ne laisse pas d'en être désagréable.

SCARCE EXOTICK PLANTS.

The gigantick Fourcroya.

(*Fourcroya gigantea.*)

This plant remarkable on account of its stately stalk of blossoms is properly native in the Islands of Curassao and St. Domingo, but from thence almost hundred years ago transplanted in the European hot-houses, where it has but twice flourish'd, once at Schoenbrun near Vienna, the second time 1793 at Paris. Since in modern times in France it has been found to form a peculiar species of plants, the name of the illustrious Chymist, the counsellor of state, *Fourcroy* has been bestow'd upon it.

This plant here appears cut of below the crown of leaves. The stock attains to the height of 2 feet, and has the bignefs of 2 feet, the thick stiff leaves are 5 feet long. From the midst of the stock shoots the pompous stalk of flowers 20 till 30 feet high, being smooth and lightgreen. On it are fixed the blossoms formed like a bell and downwards hanging, as we see some of them at (A.) represented in their natural greatnefs. How splendid soever this gigantick stalk of blossoms is to the eye, yet the smell is nothing lefs than pleasant.

RARE PIANTE ESOTICHE.

La Fourcroya gigantesca.

(*Fourcroya gigantea.*)

Questa pianta, rimarchevole a cagione del suo fusto adorno di fiori pomposi, è originaria delle isole di Curassao e di S. Domingo; ma, da cento anni in quà, venne traspiantata anche nelle stufe dell' Europa, dove finora non ci ha offerto i suoi fiori se non due volte, vale a dire, a Schoenbrunn presso a Vienna e di poi in Parigi nel 1793. Formando essa un genere particolare di piante, secondo le ricerche fattene in Francia ne' tempi moderni, le si è dato il nome del Sgr. *Fourcroy*, chimico celebre e consigliere di stato.

Questo vegetabile vedesi quì troncato al di sotto della sua corona. Il tronco arriva all' altezza di 2 piedi; è grosso 2 piedi; le foglie rigide sono della lunghezza di 5 piedi. Nel centro del tronco s'alza il fusto pomposo di 20 a 30 piedi d'altezza, il quale è liscio e d'un verde gajo. Da esso sortono i fiori formati a campana e pendenti in giù, siccome quì ne vediamo alcuni disegnati in grandezza naturale (A). Per bella vista che offra agli occhi questo gambo gigantesco, l'odore non n'è in verun modo aggradevole.

Pflanzen. CXIV. Plantes. CXIV. Plants. CXIV. Piante. CXIV.

ARZENEI - PFLANZEN.

Die Aloe von Soccotora.

(Aloe Soccotrina.)

Auf der, an der Ostküste von Afrika, östlich von der Meerenge Babelmandeb liegenden Insel Soccotora findet sich die hier abgebildete Aloe, welche, so wie die gemeine Aloe (Bilderbuch Bd. III. No. 24.), wegen ihrer Arzneikräfte bekannt ist. Von der Wurzel erhebt sich der anderthalb Fuſs hohe Stamm; auf dessen oberstem Ende die dicken Blätter sitzen, welche gezahnt sind und sich in eine Dornspitze endigen. Der ein bis anderthalb Fuſs lange Blumenschaft treibt aus der Mitte dieser Blätter hervor, und trägt eine Blumenkrone von rothen Blüten, welche theils horizontal stehen, theils abwärts hängen. Die aus den Blüten entstehenden Saamenkapseln enthalten Saamen, der aber ausser dem Vaterlande dieser Aloe nicht reift; deswegen wird sie in den europäischen Gewächshäusern durch Sprossen vermehrt.

Durch Einschnitte in die Blätter dieser Pflanze erhält man einen Saft von dunkelgelbrother Farbe, welcher sich zu einem Harz verdichtet, und als Arzneimittel, sonst aber häufiger, als jetzt, gebraucht wurde.

PLANTES - MÉDICINALES.

Aloès Succotrin.

(*Aloe soccotrina.*)

C'est dans l'île Succotora ou Zocotora, située sur la côte orientale de l'Afrique, à l'est du détroit de Babelmandeb, que se trouve l'Aloès, que représente la planche ci-jointe, et qui, comme l'Aloès vulgaire (v. le Porte-feuille d'Enfans III. Vol. No. 24.) est connu par ses propriétés médicinales. La tige s'élève d'un pied et demi au dessus de la racine, et porte à son sommet des feuilles épaisses, qui sont pointues et crénelées. Le pédoncule, d'un pied et demi ou à peu près, partant d'entre les feuilles, soutient une grappe cylindrique de fleurs rougeâtres, qui sont en partie horizontales et en partie penchées. Les capsules des fleurs contiennent des graines, qui ne mûrissent que dans la patrie de cet Aloès, aussi ne le multiplie-t-on dans les serres de l'Europe que de boutures.

Quand on fait une incision aux feuilles de cette plante, il en sort un suc d'un pourpre violet, qui parvient à la solidité de la résine, et dont on fait usage en médecine, mais moins fréquemment de nos jours qu'autre fois.

MEDICINAL-PLANTS.

The Aloes of Soccotora.
(*Aloe soccotrina.*)

The Aloes here represented, remarkable on account of its physical virtues, as well as the common Aloes, (vide the Porte folio of Children Vol. III. No. 24.) is met with in the isle of Soccotora, situated on the east coast of Africa, towards the streights of Babelmandeb. The Stock rises a Foot and a half above the root, and at the top it bears thick Leaves which are pointed and indented. The Pedicle which measures about a foot and a half shoots out from amidst those leaves, bearing a clusterlike crown of red flowers, which partly raise themselves in an horizontal direction, partly hang downward. The pericarpium, arising from the flowers, includes the seed, which ripens only in the native country of this aloes. For that reason it is propagated in the hot-houses of Europe by means of germings.

The carved leaves of this plant produce a murrey coloured juice, which, condensated into resin, formerly has been employed in medicine; but now little use is made of it.

PIANTE MEDICINALI.

L'Aloè di Soccotora.

(*Aloe soccotrina.*)

L'Aloè qui dissegnato, che si distingue pelle sue virtù medicinali, al pari dell'aloè comune, (galleria Tom. III. No. 24.) ritrovasi nell' isola di Soccotora, situata sulla spiaggià orientale dell' Africa, alla volta dello stretto di Babelmandeb. Dalla radice parte il tronco, d'un piede e mezzo d'altezza, all' apice del quale sono attaccate le foglie grosse e dentellate che terminano in una punta spinosa. Il gambo, alto due piedi incirca, pullula dal centro delle foglie, portando una corona a guisa di grappolo, guernita di fiori rossi che s'innalzano orizzontalmente o pendono in giù. Il pericarpio, nascente da' fiori, contiene la semente, la quale non matura fuorchè nella patria di quest'aloè; laonde esso viene propagato nelle stufe d'Europa col mezzo di germoglj.

Per via d'incisioni le foglie di questa pianta somministrano un succo d'un rosso scuro assortito al giallo, il quale, condensato in una specie di resina, altre volte s'impiegava nella medicina; ma oggidì non sene fà grand' uso.

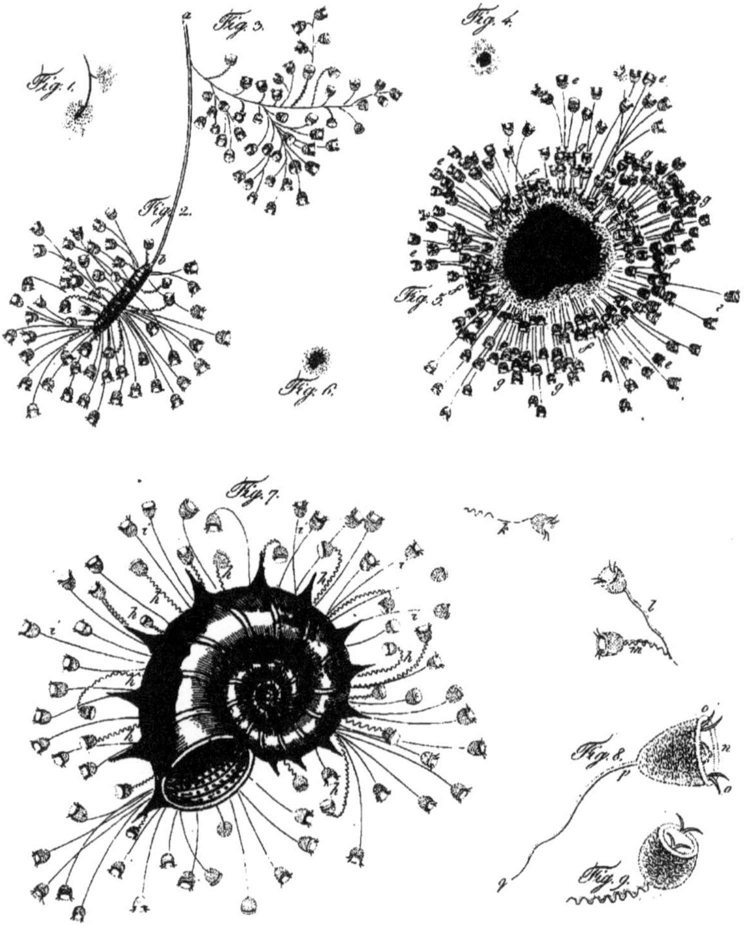
Fig. 1.
Fig. 2.
Fig. 3.
Fig. 4.
Fig. 5.
Fig. 6.
Fig. 7.
Fig. 8.
Fig. 9.

DIE BECHERFÖRMIGEN POLYPEN.

Wir haben im Ersten Bande Taf. 62. unseres Bilderbuchs bereits die *Polypen* kennen gelernt. Es sind Geschöpfe, die auf der untersten Stufe des Thierreichs stehen, und ihrer pflanzenähnlichen Gestalt wegen, zu den *Zoophyten* oder *Pflanzenthieren* gerechnet werden. — Auf dieser Tafel lernen wir vergröſsert die *becherförmigen* oder *Blumen-Polypen* kennen. — Der becherförmige Hauptkörper (Fig. 8. vielmals vergröſsert,) hat oben eine Erhöhung (*n.*), welche der Schlund ist, zu dem der *Polyp*, mittelst der Freſsspitzen (*o. o.*), seine Nahrung, welche in Würmern und kleinen Thierchen besteht, bringt. Der Körper sitzt an einem langen Stiele (Fig. 8. p. 9.), den der *Polyp* entweder ausstreckt, um sich an andere Gegenstände anzusetzen, oder schlangenförmig zusammenzieht (Fig. 9.), wenn er damit schwimmen will. — Diese hier beschriebene *Polypen-Art* ist, mit bloſsen Augen angesehen, so klein, daſs sie um den fremden Körper, woran sie haufenweise sitzen, nur wie Punkte erscheinen (Fig. 1. 4. 6.); durch das Mikroskop bemerken wir aber, daſs es gestaltete Körper sind, die fast wie Mohnköpfe aussehend, mannichfaltige Gruppen bilden. Bei Fig. 2. und 3. sitzen sie an einer Wasserlinse (*a. b. Lemna*) fest, und zwar dient bei Fig. 3. der lange Stiel eines ältern *Polypen* als Vereinigungspunkt. In Fig. 5. schlieſsen sich unsere Körperchen an den todten Körper eines *gelben Arm-Polypen* (*d. d. d.*) an. — Auf die zierlichste Weise umgeben sie bei Fig. 7. eine kleine Schnecke, wo wir bei *i. i.* die gewundenen, und bei *h. h.* die geradausstehenden Stiele gleichfalls genau bemerken können.

LES POLYPES EN FORME DE COUPE.

Nous avons déjà vu et appris á connaître les *Polypes* à la 62. planche du premier volume de notre Porte-feuille d'Enfans. Ce sont des êtres qui sont placés au dernier degré du règne animal, et qui par leur structure semblable à celle des plantes, se mettent au nombre des *zoophites*, ou animaux-plantes. Cette planche nous représente les *Polypes-fleurs*, ou *Polypes en forme de coupe*, grossis. Le corps principal, (fig. 8. plusieurs fois grossi) a en haut une ouverture (*n*), qui est le gosier, à la quelle le *Polype* porte sa nourriture, qui consiste en vers et en petits insectes, par le moyen des pointes dont il se sert pour manger. (*o. o.*) Le corps tient à une longue tige, (fig. 8. p. 9.) que le *Polype* étend pour s'appuyer à quelqu' autre objet, ou replie (fig. 9.), comme un serpent, quand il veut nager. L'espèce de *Polype*, que nous décrivons ici, vue avec les yeux seuls, est si petite, que quand ils sont placés en foule sur un corps étranger, ils ne paraissent qu'un point; (fig. 1. 4. 6.) mais quand on les considère avec le mi crpe, on remarque que ce sont des corps formés, qui, presque semblables à des têtes de pavots, forment divers groupes. Les figures 2. et 3. nous les représentent attachés à une lentille d'eau, et c'est la tige d'un vieux *polype*, qui sert de point de réunion. À la fig. 5. plusieurs petits corps s'unissent au corps mort d'un *polype* jaune à bras. A la fig. 7. ils forment un joli cercle autour d'un petit escargot, et nous y voyons distinctement les tiges entortillées à (*i. i.*) et droites à (*h. h.*)

POLYPES FORMED LIKE A CUP.

We already got acquainted with the *Polypes* in Vol. I. tab. 62. of our gallery. They are creatures which occupy the lowest degree of the animal reign, being ranked among the *Zoophytes*, or *Plant-Animals*, on account of their figure that resembles a plant. By way of aggrandizement the annexed table exhibits the *Polypes of the shape of a cup*. Above the mainbody, (fig. 8.) many times aggrandized, appears an elevation, (*n*) that is the gullet, into which the *Polype*, by means of the pincers, (*o. o.*) carries the food, consisting of worms and little insects. The body sticks to a large stalk (fig. 8. p. 9) which the *Polype* extends, in order to take hold of other objects, or wraps up, like a serpent, (fig. 9.) being in act to swim. — The *Polypes* here described, if we behold them with unarmed eyes, appear like little points round about the heterogeneous body they keep close to in crowds. (fig. 1. 4. 6.) Through the microscope we however distinguish their figured bodies, looking like poppy-heads and forming various groups. In fig. 2. and 3. they are represented cleaving to a duck's-meat, (a. b.) the large stalk of an older *Polype* being a point of conjunction. (fig. 3.) In fig. 5. our corpuscles adhere to the dead body of a yellow *Polype*. (*d. d. d.*) In fig. 7. they, most elegantly, surround a little snail, where we likewise perceive the wriggled stalks (*i. i.*) as well as the upright ones. (*h. h.*)

POLIPI FORMATI A GOTTO.

Noi già abbiamo imparato a conoscere i *Polipi* in Tom. I. tav. 62. della nostra galleria. Essi sono delle creature che occupano il più basso grado del regno animale, contandosi fra gli *Zoofiti* a cagione della loro figura rassomigliante ad una pianta. Per via d'aggrandimento la tavola presente ci fà vedere i *Polipi formati a gotto.* Al di sopra del corpo principale, più volte aggrandito, sporta una elevatezza, (*n*) ch'è il gorgozzule, nel quale il *Polipo*, col mezzo delle antennette, (*o. o.*) conduce il nutrimento composto di vermi e d'insetti. Il corpo stà attaccato ad un lungo gambo. (fig. 8. p. 9.) Il *Polipo* lo distende, per appigliarsi ad altri oggetti, ovvero ristrigne, a guisa di serpente, (fig. 9.) quando è sul punto di notare. I *Polipi* qui descritti s'appresentano all' occhio disarmato come piccolissimi punti d'intorno al corpo eterogeneo, sul quale si arrampicano in folla; (fig. 1. 4. 6.) ma col mezzo del microscopio si distinguono i loro corpi che rassomigliano al papavero, formando diversi groppi. In Fig. 2. essi attaccansi ad una lenticchia d'acqua, (*a. b.*) il lungo gambo d'un *Polipo* maggiore servendo di punto congiuntivo. In fig. 5. questi corpuscoli s'appiccano al cadavero d'un giallo *Polipo.* (*d. d. d.*) In fig. 7. essi, assai vagamente, accerchiano una chiocciola, scorgendosi parimente i gambi arroncigliati (*i. i.*) siccome que' che stanno a dirittura. (*h. h.*)

B.
A.

SONDERBARE AMPHIBIE.

Die gehörnte Kröte.

(*Rana cornuta.*)

Bisher hatten wir von diesem sonderbaren Thiere nur höchst unvollkommene Abbildungen, die nach verbleichten, in Weingeist aufbewahrten Exemplaren gefertigt worden waren. (S. Bilderbuch Th. III. No. 39.) Doch durch die neueste Russische Entdekkungsreise, erhielt man von dem berühmten teutschen Naturforscher, Herrn Hofrath *Tilesius* die erste genaue, nach dem Leben entworfene Abbildung der gehörnten Kröte, wie wir sie hier sehen. Sie finden sich in mehreren Theilen von Südamerika, unter andern auch in Brasilien und auf der Insel S. Catharina, jedoch nicht sehr häufig. Obgleich der plumpe Körper und das breite grofse Maul, womit sie Insekten fängt, ihr ein häfsliches Ansehen geben, so ist dennoch das Farbenspiel der Haut sehr schön. Auf dem gelblich braunen, mit spitzigen Warzen bedeckten Körper sitzen violblaue, weifs geränderte Zeichnungen; am Vorder- und Hinterkopfe, so wie an den Hinterfüfsen bemerkt man glatte Stellen vom schönsten Grün. Ueber den Augen erheben sich die rothgelben kegelförmigen Augenlieder, welche flüchtig angesehen mit kleinen Hörnern verglichen wurden, und wovon diese Kröte ihren Namen erhielt. Merkwürdig ist auch ihre Gröfse, denn bei A ist sie um die Hälfte verkleinert abgebildet. B zeigt uns den Kopf in natürlicher Gröfse. Herr *Tilesius* fand, dafs das Gewicht der *gehörnten Kröte* 4 Pfund beträgt; von den Brasilianern wird sie *Aran-Tango*, oder die offene Tonne genannt.

AMPHIBIE SINGULIER.

Le crapaud cornu.

(*Rana cornuta.*)

Nous n'avons eu jusqu'ici de cet animal que des représentations tres-imparfaites, parcequ'elles n'avaient été faites que sur des modèles morts et conservés dans l'esprit de vin (voyez le III. Tome, No. 39. de notre Portefeuille d'Enfans). Mr. le conseiller aulique, *Tilesius*, célèbre naturaliste allemand, ayant eu part au voyage le plus récent de découvertes, entrepris par les Russes, nous en a donné le premier une représentation exacte d'après nature, telle que nous la voyons ici. Ce crapaud se trouve dans plusieurs parties de l'Amérique méridionale, entre autres aussi au Brésil, et même dans l'île de St. Cathérine, mais en moindre quantité. Quoique son corps lourd et difforme, sa gueule grande et large, avec laquelle il saisit les insectes, le rendent hideux, le mélange des couleurs de sa peau ne laisse pas d'être beau. Le corps, d'un brun jaunâtre et couvert de verrues pointues, est marqueté de taches, d'un bleu violet, bordées de blanc. Il y a sur le devant et le derrière de la tête, ainsi que sur les pieds de derrière, des parties unies et du plus beau vert. Audessus des yeux s'élèvent des sourcils coniques, d'un jaune rougeâtre, que l'on prend à la première vue pour des cornes, et qui lui ont fait donner le nom de *crapaud cornu*. Il est remarquable par sa grosseur, car la fig. A nous le montre apétissé de moitié. B nous offre la tête dans sa grosseur naturelle. Mr. *Tilesius* a trouvé qu'il pesoit 4 livres. Les Brasiliens le nomment *Aran-Tango*, ou tonneau ouvert.

STRANGE AMPHIBIOUS CREATURES.

The horned toad.

(*Rana cornuta.*)

Hitherto we have had but very imperfect drawings, concerning this strange animal, which had been delineated after faded patterns preserved in spirits of wine. (Picture Gallery. Vol. III. No. 39.) By means of the last voyage of discovery, undertaken by the Russians, Mr. *Tilesius*, counsellor of the court and celebrated german naturalist, has supplied us with the first exact picture of the horned toad, drawn to the life in the annexed view. In little numbers it is met with in several parts of South-America as likewise in Brasil and in the isle of S. Catherine. Though the rough body and large mouth, with which it catches insects, have an hideous appearance, yet the bright-sparkling colours of the skin display themselves very handsomely. The yellowish-brown body is adorned with sharp-pointed warts and white-edged figures of the colour of a violet. The fore- and hind-part of the head as also the hind-feet are adorned with plain spots of the most beautiful green. Above the eyes raise themselves the orange-coloured eye-lids, resembling a cone, which, slightly looked upon, have been compared to little horns; whence the name of this toad proceeds. Besides it is remarkable on account of its greatneſs, in fig. A. being represented shortened by half, and fig. B. exposing its head in full length. According to the account of Mr. *Tilesius* the weight of the horned toad amounts to 4 pounds. By the Brasilians it is called *Aran-Tango*, or *open tun.*

Il rospo cornuto.

(*Rana cornuta.*)

Finora non abbiamo avuto se non ritratti imperfettissimi di questo strano animale, i quali erano stati delineati a norma di modelli smorti e conservati in ispirito di vino. Ma per via dell' ultimo viaggio da scoperta, intrapreso da' Russi, il Sgr. *Tilesius*, consigliere di corte e celebre naturalista tedesco, ci ha somministrato il primo esatto disegno di questo rospo cornuto, dipinto al naturale nella tavola presente. Esso s'incontra, in piccola copia, in più parti dell' America meridionale, nel Brasile e nell, isola di S. Catterina. Benchè il corpo rozzo e la bocca larga, colla quale acchiappa gl'insetti, facciano brutta vista, pur i colori scintillanti della pelle si spiegano assai leggiadramente. Il corpo lionato è guernito di porri pungenti e di disegni paonazzi orlati di bianco. Il capo d'innanzi e di dietro e parimente i piedi di dietro sono adorni di passi piani d'un bellissimo verde. Al di sopra degli occhi s'alzano le palpebre coniche d'un rosso giallo, le quali, risguardate alla sfuggita, già si paragonavano a piccole corna; onde questo rospo ha ritratto il suo nome. Inoltre esso è rimarchevole a cagione della grandezza, in fig. A. essendo rappresentato più piccolo della metà, e fig. B. mostrandone la testa in grandezza naturale. Secondo la ricerca del Sgr. *Tilesius* il peso del rospo cornuto monta a 4 libbre. I Brasiliani lo chiamano *Aran-Tango* ossia *doglio aperto*.

SCENEN AUS GRIECHENLAND.

Fig. 1. Ein Moraitischer Schäfer.

Wir sehen hier einen von den nomadischen Schäfern auf der griechischen Halbinsel *Morea*, der bei seiner Heerde auf einer Hirtenpfeife bläſst. Es ist ein Gebirgshirte in seinem einfachen Gewande von Schaffellen, mit der rothen Mütze auf dem Kopfe und den Sandalen an den Füſsen. In der Tiefe erblicken wir die Schafherde im Pferche mit den hohen Gerüsten, die den Hirten im Sommer zur Wohnung dienen. Im Winter, oder auch sonst in kühlen Nächten ziehen sich diese Hirten mit ihren Heerden in Berghöhlen zurück, wo auch die gewöhnliche Wohnung ihrer Familie ist. Die Lebensart dieser Hirten ist sehr einfach, ja wirklich armselig; doch sind sie dabei unabhängig.

Fig. 2. Der Neugriechische Bänkelsänger.

Hier stellt uns die Kupfertafel einen neugriechischen Bänkelsänger dar, der in seinem gewöhnlichen Kostum, bei einem Springbrunnen von türkischer Bauart in einem Lustwäldchen, einigen *Moraiten* von verschiedenen Ständen, und folglich auch von verschiedener Kleidungsart — wir erblicken auch einen Hirten darunter — unter Begleitung seines Instruments, das einer langhalsigen Mandoline ähnlich ist, mancherlei Arien vorsingt. Diese Bänkelsänger ziehen im Lande umher, und sind zugleich Dichter, Sänger, Musiker und Mährchenerzähler zur Belustigung des Publikums.

SCÈNES DE LA GRÈCE.

Fig. 1. Un berger Moréen.

Cette planche nous représente un berger de la presqu'île grecque, *Morée*, jouant d'un chalumeau en gardant son troupeau. C'est un berger des montagnes, dans son vêtement ordinaire, qui est composé de peaux de bêtes, ayant sur la tête un bonnet rouge, et aux pieds des sandales. Nous découvrons dans le lointain le troupeau parqué, avec un grand échaffaudage, qui en été, sert d'asile aux bergers. En hiver et même lorsque les nuits commencent à devenir fraîches, ces bergers se retirent avec leurs troupeaux dans des cavernes, qui sont la demeure ordinaire de leurs familles. La vie, que mènent ces bergers, est-très simple et même pitoyable, mais ils sont indépendans.

Fig. 2. Le troubadour de la nouvelle Grèce.

Voilà un troubadour de la nouvelle Grèce dans son costume ordinaire, placé dans un bosquet, près d'une fontaine d'architecture turque, qui chante en présence de quelques *Moréens*, de différentes conditions, et par conséquent diversement mis. Nous remarquons au milieu d'eux un berger, qui chante plusieurs ariettes, en s'accompagnant de son instrument, assez semblable à une mandoline. Ces troubadours courent le pays, et sont en même tems poètes, chanteurs, musiciens; ils font aussi des contes pour amuser le public.

SCENES OUT OF GREECE.

Fig. 1. A shepherd of Morea.

The present table exhibits one of the shepherds of the greek peninsula of the *Morea*, who is blowing on a simple rural pipe, near his herd. He is a mountain-shepherd, in his simple garment of sheep's skin, wearing a red cap upon the head and sandals on the feet. In the back-ground we perceive the sheep-fold and the high scaffolds, which serve the shepherds for a summer-abode. In the winter or generally in cool nights these shepherds, with their flocks, retire into mountain-caverns, which are the usual dwelling-place of their families. These shepherds lead a very simple and poor life; yet with all that they are independant.

Fig. 2. The modern-greek Story-singer.

The annexed view represents a modern-greek story-singer; in his usual custom, near a fountain of the turkish order, in a grove. Accompanied by his instrument, resembling a mandolin of a long neck, he gives several songs to some inhabitants of *Morea*, who differ among themselves by rank and consequently by fashion, in the midst of whom we likewise behold a shepherd. These story-singers, traversing the whole country, perform, at the same time, the functions of poets, musicians and story-tellers for the sake of public sport.

SCENE DELLA GRECIA.

Fig. 1. Un pastore della Morea.

Nella tavola quì aggiunta vediamo uno de' pastori della peninsola greca di *Morea*, il quale stà sonando un semplice zufolo, presso la sua greggia. Egli è un pastore montanesco, nel semplice abito di pelle pecorina, che porta sul capo una berretta rossa ed i cui piedi sono coperti di sandali. Nello sfondo scorgiamo le pecore in agghiaccio ed i palchi alti che servono di dimora ai pastori nella bella stagione. In tempo d'inverno, ovvero generalmente in notti soffredde, questi pastori, con insieme le lor gregge, si ritirano nelle caverne delle montagne, dove abitualmente vivono le loro famiglie. Questi pecoraj menano una vita assai semplice e povera; ma non di meno sone independenti.

Fig. 2. Il Cantambanco moderno-greco.

La tavola presente ci fà vedere un cantambanco moderno-greco, nel solito suo costume, presso una fontana dell'ordine turco, in un boschetto. Accompagnato dal suo strumento, in forma d'una mandolina a lungo manico, egli canta varie canzonette ad alcuni abitanti della *Morea*, che differiscono fra loro nel rango e conseguentemente nella vestitura; in mezzo a' quali vediamo parimente un pastore. Questi cantambanchi, traversando tutto il paese, fanno, nell' istesso tempo, l'uffizio di poeti, musici e novellieri, per sollazzarne il pubblico.

I.

II.

RUSSISCHES VOLKSFEST.

Es ist Sitte in Rufsland, dafs bei feierlichen Gelegenheiten, z. B. bei Friedensschlüssen, Krönungen, Vermählungen, der kaiserliche Hof dem Volke von Petersburg ein Fest giebt. Ein solches hatte auch bei dem Friedensschlusse mit Schweden im Jahre 1790 Statt, welches wir hier abgebildet sehen. Vor dem kaiserlichen Winter-Palais waren, in Form von Pyramiden, zwei 20 Ellen hohe Gerüste (Fig 1.) erbauet, deren ringsherumlaufende Stufen mit Speisen und Backwerk aller Art besetzt waren. Oben auf jeder stand ein ganzer gebratener Ochse, wovon der eine vergoldete, der andere versilberte Hörner hatte. Die ganzen Pyramiden waren mit rosafarbigem Taft überzogen, und nur die Hörner, auf deren Erlangung Preise gesetzt waren, schaueten hervor. Auf ein, durch einen Kanonenschufs gegebenes Zeichen strömte das Volk herzu; stückweise eroberte man den Taft, die Speisen flogen nach allen Seiten zu, und eine Schaar muthiger Ruderknechte erbeutete die goldenen Hörner, und dadurch einen Preis von 100 Rubeln. — Als die Pyramiden geleert waren, fiengen nicht weit davon Fontainen von rothem und weifsem Wein an zu springen. (Fig 2.) In grofsen Haufen strömte nun das Volk dahin und in Hüten wurde das köstliche Getränke aufgefangen, und den Nachbarn weiter gereicht. Einige gemeine Russen kletterten sogar auf den Springbrunnen selbst, um den ganzen Weinftrahl aufzufangen; doch eine wohl angebrachte Spritze kühlte den zu kühnen Trinker ab, und wies ihn in seine Schranken zurück.

FÊTE POPULAIRE RUSSE.

Il est d'usage en Russie que dans les grandes solennités, comme conclusions de paix, couronnemens, mariages, la cour impériale donne une fête au peuple de Pétersbourg. Telle est celle que nous voyons ici, qui eut lieu en 1790 à l'occasion du traité de paix fait avec la Suède. On avait construit devant le palais d'hiver deux échaffaudages en forme de pyramide de 20 aunes de haut. (Fig. 1.) Les degrés pratiqués tout autour étaient couverts de mêts et de patisseries. Au sommet de chacune se trouvait un boeuf entier roti. Les cornes de l'un étaient dorées et celles de l'autre argentées. Les deux pyramides étaient recouvertes d'un taffetas couleur de rose, qui ne laissait à découvert que les cornes; et l'on avai destiné des prix à ceux qui les atteindraient. Un coup de canon ayant donné le signal, tout le peuple accourut en foule; on conquit le taffetas pièce à pièce, les viandes volèrent de tous côtés, et une troupe de rameurs intrépides enlevèrent les cornes dorées, et gagnèrent par là un prix de 100 roubles. Dès que les pyramides furent vidées, des fontaines de vin rouge et blanc commencèrent à jouer à quelques pas de là. (Fig. 2.) Le peuple s'y porta encore en plus grand nombre; ce précieux jus fut recueilli dans les chapeaux et passé aux voisins. Il y eut même plusieurs Russes qui grimpèrent sur les fontaines pour saisir tout le jet-de-vin; mais une pompe bien dirigée raffraîchit les trop téméraires buveurs, et les fit rentrer dans les bornes.

NATIONAL FEAST OF THE RUSSIANS.

There is a custom in Russia, according to which the imperial court bestows a feast upon the people of Petersburg, on solemn occasions, such as conclusions of peace, coronations and weddings. The annexed table exhibits such a feast, which took place in the year 1790, at the conclusion of the peace made with Sweden. Before the imperial winter-palace they had constructed two pyramidical scaffolds, of 20 yards in height, (Fig. 1.) whereof the steps, turning round about, were served up with meats and pastrywork of every kind. Above each was placed a roasted ox, the one of which had gilded horns and the other silvered horns. The pyramids were adorned with rose-coloured taffety in a manner that only the horns peeped out, which stood in competition for the prize. At the signal given by a cannon-shot the people rushed thither; they gained the taffety by pieces; the meats were flung on all sides; a troop of courageous rowers got the golden horns and thereby a premium of 100 rubels. The pyramids being stripped, some fountains, at a little distance, began to spout out red and white wine. (Fig. 2.) The people rushed thither in crowds, gathering in hats the delicious drink and presenting it by turns to the neighbours. Some common Russians even climbed up the fountain itself, in order to catch the whole wine-spout, but a well-applied syringe cooled the too bold drinker, repelling him within his bounds.

FESTA NAZIONALE DE' RUSSIANI.

V'è un costume nella Russia, secondo il quale la corte imperiale dà una festa alla plebe di Pietroburgo, ad occasioni solenni, siccome conclusioni di pace, coronazioni e matrimonj. La tavola quì aggiunta rappresenta una tal festa, la quale ebbe luogo alla conclusione della pace fatta colla Svezia, nel 1790. Davanti al palazzo imperiale da verno erano costrutti due alti palchi, a guisa di piramidi, di 20 braccia d'altezza, (Fig. 1.) i cui scalini, giranti tutto d'intorno, erano imbanditi di vivande e di pastume d'ogni genere. Sopra ciascuno era posto un bue intieramente arrostito, donde l'uno aveva le corna dorate e l'altro inargentate. Le piramidi erano del tutto coperte di taffeta rosata, di modo che soltanto spiccavano le corna, sull' acquisto delle quali fù messo un premio. Al segnale d'un cannone scaricato la plebe vi corse rapidamente; la taffeta veniva acquistata a pezzi; le vivande si lanciarono verso tutti i lati; una turba di rematori coraggiosi vinse le corna d'oro e per ciò un premio di 100 rubli. Le piramidi essendo vote, alcune fontane, non guari distanti, cominciarono a spruzzolare fuori del vino bianco e rosso. (Fig. 2.) La plebe vi corse in grandissima folla, raccogliendo in capelli la deliziosa bevanda e presentandola in giro a' vicini. Alcuni Russiani di bassa estrazione anzì s'arrampicarono sulla fontana medesima per cogliere il getto di vino tutto intiero; ma una sciringa ben applicata rinfrescò il bevitore troppo ardito, rispignendolo ne' suoi limiti.

Verm. Gegenst. CXVIII. Mélanges. CXVIII. Misc. Subj. CXVIII. Miscellanea. CXVIII.

DER MONTSERRAT IN SPANIEN.

Neun Stunden nordwestlich von Barcellona liegt in der spanischen Provinz *Catalonien* der merkwürdige *Montserrat* (d. h. der Zakkenberg, oder gesägte Berg) deswegen so genannt, weil er aus lauter neben einander stehenden Felsenspitzen und Klüften besteht, zwischen denen sich kleine Ebenen befinden. Berühmt ist dieser Berg auch als Wallfahrtsort; denn auf ihm vertheilt liegt ein Benedictiner-Kloster und zwölf einzelne Einsiedeleien, die zum Theil sehr romantisch zwischen den einzelnen Felsenklüften gebauet sind. In allem leben auf dem Montserrat vertheilt gegen drittehalb hundert Menschen, theils Mönche, theils Laienbrüder und Aufwärter. Das grosse reiche Benedictiner-Kloster, in dessen Kirche sich auch ein wunderthätiges Bild der Mutter Gottes befindet, liegt, wie wir hier sehen, auf der mittlern grossen Ebene des Bergs, in einer Vertiefung, hinter der sich schroffe Felsen erheben. Zwischen diesen gelangt man auf Fusspfaden zu den, auf höhern Felsenspitzen zerstreut liegenden, dreizehn Einsiedeleien. Jede besteht aus einigen Zimmern, einer kleinen Kapelle und Garten. — Die hier wohnenden Einsiedler sind keine Geistlichen, sondern Laienbrüder, welche der Welt entsagt haben, und hier entfernt von dem Geräusche der Welt, einen strengen einsamen Lebenswandel führen. Nur an gewissen festlichen Tagen des Jahres kommen sie in das Benedictiner-Kloster herab.

LE MONTSERRAT EN ESPAGNE.

On trouve dans la province de *Catalogne*, à neuf lieues de *Barcelone*, au nord-ouest, le *Montserrat*, ainsi nommé, parcequ'il est formé de pointes de rocher attenantes les unes aux autres, et de précipices, entre les quels on aperçoit de petits plateaux. Cette montagne est aussi célèbre par les pélérinages; car sur son sommet est situé un couvent de Bénédictins à part et douze différents ermitages isolés, bâtis en partie entre des précipices, d'où l'on jouit de la vue la plus pittoresque. Le *Montserrat* est habité en tout par près de 250 personnes, tant moines, frères lais que serviteurs. Le grand et riche couvent de bénédictins, dont l'église contient une image de la vierge, qui opère des miracles, est construit, comme nous le voyons ici, sur le grand plateau du milieu, dans un enfoncement, derrière lequel s'élèvent des rochers escarpés. Entre ceux-ci est un sentier, qui conduit aux douze ermitages, qui sont épars sur les pointes les plus élevées. Chacun de ceux-ci contient plusieurs chambres, une petite chapelle, et a un jardin. Les solitaires qui les habitent ne sont point prêtres. Ce sont des frères lais, qui y vivent loin du tumulte du monde, auquel ils ont renoncé. Ils ne descendent dans le couvent qu'à certains jours de fête de l'année.

MERKWÜRDIGE CYCLOPEN - MAUERN DES ALTERTHUMS.

In verschiedenen Gegenden von *Italien* und *Griechenland* findet man noch heutigen Tages Ueberbleibsel von altem Mauerwerke, dessen sonderbare Bauart anzeigt, daſs es aus dem höchsten Alterthume herstamme. Denn seit undenklichen Zeiten baut man nicht mehr auf diese Art. Es sind nämlich Mauerwerke von ungeheueren Felsenstücken, die nicht nach heutiger Art viereckig behauen, sondern so vieleckig als sie aus dem Bruche kamen, künstlich, doch ohne Kitt oder Mörtel zusammengefügt und auf einander geschichtet sind. Da diese Arbeiten schon in den ältesten Zeiten, wo die Menschen noch sehr wenig mit den mechanischen Künsten bekannt waren, zu Stande gebracht worden sind, und doch einen ungeheuern Aufwand von Kraft erfordert haben müssen, so gerieth man auf den Gedanken, sie gewaltigen Riesen der Urzeit zuzuschreiben, und schon die Alten nannten sie daher *Cyclopen - Mauern*. — Die *Cyclopen* sind nämlich die Riesen der fabelhaften Vorwelt.

Ein solches Gemäuer stellt die beiliegende Kupfertafel vor. Es sind die stolzen Ueberreſte einer uralten Festung, vermuthlich der von der alten Stadt *Epidaurus - Limera*, die man noch jetzt im Hintergrunde der Rhede von *Malvasia* auf der Halbinſel *Morea* findet. — Ein schönes Denkmal menschlicher Kunst!

TIQUITÉ.

On trouve encore de nos jours dans diverses contrées de l'Italie et de la Grèce des restes d'anciennes murailles, dont la singulière structure annonce l'antiquité la plus reculée; car il y a un tems indicible qu'on ne bâtit plus dans cet ordre. Ce sont d'énormes morceaux de roc, qui ne sont point taillés d'après notre manière, mais tels qu'ils viennent de la carrière, placés et adaptés très-artistement, et même sans ciment ou mortier. Ces travaux, ayant été faits dans les tems les plus reculés, où les hommes étaient très-peu versés dans les arts méchaniques, et ayant exigé des forces prodigieuses, on s'est avisé de les attribuer à des géants de l'antiquité; Les anciens eux-mêmes les ont nommés *Murailles des Cyclopes.*

Personne n'ignore que les Cyclopes étaient les géants de la fabuleuse antiquité.

Telles sont les murailles que nous représente la planche ci-jointe. Ce sont les débris superbes d'une antique forteresse, apparemment ceux de la ville *d'Epidauris-Limera*, que l'on voit encore dans le fond de la rade, de *Malvasia*, dans la presqu'île de *Morée*. — Monument magnifique de l'art humain!

REMARKABLE WALLS OF CYCLOPES OF THE ANTIQUITY.

In several parts of Italy and Greece there are still to be found many remains of ancient stone-work, the singular structure of which proves their being descended from the remotest antiquity, because, since immemorial times, one does not build in such amanner. They are stone-walls, consisting of prodigious rocks, that are not hewed into squares, according to the present manner, but artfully joined together and heaped up, without cement or mortar, with as many polygons as they sprung out of the quarry. These works having been constructed in the most ancient times, where mankind was but little acquainted with mechanical arts, and having required necessarily an enormous expence of strength, we attributed them to powerful giants of the primitive time, whence by the Ancients they were already called *walls of the cyclopes.* The *cyclopes* are the giants of the romantic primeval world. The annexed view represents such a wall, comprising the proud remains of an ancient fortress, probably those of *Epidaurus-Limera*, which exists still in the background of the road of *Malvasia*, in the peninsula of the *Morea.* A handsome monument of human art!

RIMARCHEVOLI MURA DI CICLOPI DELL' ANTICHITÀ.

In diverse parti d'Italia e di Grecia ritrovansi ancora oggidì più avanzugli d'antiche muraglie, la cui struttura singolare prova che derivano dall' antichità la più remota, imperciocchè, da immemorabili tempi in quà, non si fabbrica più in tal modo. Essi sono muri consistenti di rocche prodigiose, che non sono sgrossate in quadro, secondo la foggia presente, ma congiunte insieme ed ammucchiate artifizialmente l'una sull' altra, senza saldatura e smalto, con quanti poligoni uscirono fuori dalla petriera Queste opere essendo state costrutte ne' tempi più antichi, dove gli uomini poco conoscevano le arti meccaniche, ed avendo richiesto necessariamente un dispendio enorme di forze, si è entrato in pensiero di attribuirle a giganti possenti del tempo primitivo; laonde gli Antichi già le chiamarono *mura de' ciclopi*. I ciclopi sono i giganti romanzeschi del mondo primitivo. — La tavola qui aggiunta rappresenta una così fatta muraglia, comprendendo gli avanzi superbi d'una città antichissima, probabilmente quegli di *Epidauro - Limera*, ch'esiste ancora oggidì nello sfondo della piaggia di *Malvasia*, nella penisola di *Morea*. Bellissimo monumento dell' arte umana!

I.

II.

SCENEN AUS TAURIEN ODER DER VORMALIGEN KRIMM.

Fig. 1. Der Tanz der Derwische.

Derwische sind mahomedanische Bettelmönche, die theils in Klöstern wohnen, theils im *Oriente*, vorzüglich in der *Türkei* und *Persien*, im Lande umher ziehen, ihren Glauben predigen und allerlei abergläubische Possen und Gaukeleien treiben, womit sie das Volk bethören. Zu ihren besondern Gebräuchen gehört auch der, dafs sie sich jeden Dienstag und Freitag Abends in einer Moschee (mahomedanischem Tempel) verfammeln, wo sie, in Gegenwart anderer Andächtigen ihren Gottesdienst feiern, und dann eine Art von Tanz halten, der jedoch blos in einem schnellen Umdrehen besteht, wobei Einer nach dem Andern in eine Art von Ohnmacht fällt, aus welcher er durch ein Paar Worte, die ihm der *Iman* oder Oberpriester ins Ohr sagt, sogleich wieder erweckt wird.

Eine solche Scene ist auf unserer Kupfertafel dargestellt, so wie sie in der Haupt-Moschee zu *Baktschi-Saraj* in Taurien aufgeführt wird.

Fig. 2. Possenreisser in der Krimm.

Wir sehen hier einen Possenreisser, einen Juden aus *Constantinopel* abgebildet, der hier zur Belustigung einiger vornehmen Herren in der *Krimm*, die seine Zuschauer find, seine Possenspiele unter dem Schalle einer schnarrenden Zigeunermusik treibt. Er hat nach vollbrachtem Tanze, aus seinen Kleidern eine Docke gebildet, die er am linken Arme an einem Stocke sich befestigt hat, und mit welcher er tolles Zeug spricht, das die stumme Docke zum grössten Vergnügen der Zuschauer immer nur mit Schlägen beantwortet.

SCÈNES DE LA TAURIDE OU CI-DEVANT CRIMÉE.

Fig. 1. La Danse des Derviches.

Les *Derviches* sont des moines mendiants mahométans, qui en partie habitent dans des cloîtres, et en partie parcourent le pays dans l'*Orient*, surtout en *Turquie* et en *Perse*, prêchent leur religion, font toutes sortes de grimaces et de singeries superstitieuses, avec les quelles ils trompent le peuple. Une de leurs coutumes les plus bizarres c'est de se rassembler tous les mardis et vendredis sur le soir dans une mosquée, (temple mahométan,) où ils célèbrent le culte divin en présence de plusieurs autres fidèles, et puis ils exécutent une espèce de danse, qui cependant ne consiste qu'à tourner rapidement en rond, après la quelle chacun d'eux tombe dans une espèce d'évanouissement, dont il revient b tement par le moyen de deux paroles que l'im an ou grand-prêtre lui dit à l'oreille.

Notre planche représente cette scène telle qu'elle se passe dans la principale mosquée de *Baktschi-Saraj* en Tauride.

Fig. 2. Batteleur de la Crimée.

Nous voyons ici un batteleur, un juif de *Constantinople* qui fait en Crimée ses farces en présence de quelques seigneurs, au son d'une musique aiguë. Après avoir fini sa danse, il s'est fait de ses habits une poupée, qu'il a attachée au bras gauche à un bâton. Il lui débite mille extravagances, aux quelles la poupée ne répond, à la grande satisfaction des spectateurs, que par une grêle de coups.

SCENES OF TAURIA, FORMERLY CALLED CRIMEA.

Fig. 1. Dance of the Dervis.

Dervis are mahometan mendicant friars, who partly live in convents, partly shift about in the *Orient*, particulary in *Turkey* and *Persia*, preaching their faith and playing many superstitious tricks and juggles, in order to deceive the people. According to a singular rite they assemble in a moschey, (mahometan church) every tuesday and friday, in the evening, where, in presense of other devouts, they keep divine service, and then lead a dance, which only consists in a rapid turning. One after the other falls into a kind of swoon, out of which he is directly roused by few words whispered into his ear by the *Iman* or archpriest. The annexed table exhibits such a scene in the same manner as it is represented in the principal mosquey at *Baktschi-Saraj* in Tauria.

Fig. 2. Buffoon in Crimea.

The present table exposes to sight a jew of *Constantinopolis*, who, accompanied by a rattling musick of gipsies, is playing his legerdemain ricks for the sport of some gentlemen, who are his spectators. The dance being finished, he has formed his garments like a puppet, fastened upon a staff, on the left arm, with which he keeps a foolish discourse. The dumb puppet only answers by blows, to the utmost delight of the spectators.

SCENE DELLA TAURIA, PER L'ADDIETRO CHIAMATA CRIMEA.

Fig. 1. Danza de' Dervis.

Dervis sono frati mendicanti, che in parte vivono in conventi, in parte vanno girando nell' *Oriente*, massimamente nella *Turchia* ed in *Persia*, predicando la lor fede e facendo varie buffonerie superstiziose, per abbagliarne la plebe. Secondo un rito singolare, ch'esiste fra loro, essi si ragunano in una moschea, (chiesa turca) ogni martedì e venerdì, di sera, dove celebrano l'uffizio divino, in presenza d'altri devoti, e di poi menano un ballo che soltanto consiste in un rapido giramento. L'uno dopo l'altro vi cade in un'accesso di svenimento, donde viene incontanente risvegliato per mezzo di pocche parole favellategli all'orecchio dall'arciprete, ossia *Iman*. Questa tavola ci fà vedere una così fatta scena nell' istesso modo che viene rappresentata nella moschea principale di *Baktschi - Saraj* in Tauria.

Fig. 2. Buffone della Crimea.

Vediamo quì rappresentato un giudeo di *Costantinopoli*, il quale, accompagnato da una musica romoreggiante di zingani, stà facendo i suoi atteggiamenti buffoneschi, per divertimento di alcuni signori di rango, che vi sono spettatori. Finito il ballo, egli ha dato all'abito suo la forma d'una bambola, fermata ad un bastone, al braccio manco, colla quale entra in ragionamenti pazzeschi. La bambola muta non vi risponde che con colpi, in sommo diletto degli spettatori.

DER PERUANISCHE RIESE.

Ausserordentlich grosse Menschen nennt man *Riesen*, ſo wie ungewöhnlich kleine mit dem Namen *Zwerge* belegt werden. — Beides sind eigentlich Ausnahmen von der gewöhnlichen Menschen-Grösse, denn ob es gleich gegen Norden kleinere Menschen Geschlechter, so wie in Süd-Amerika den grossen Stamm der Patagonier giebt, ſo kann man doch nicht eigentlich ſagen, daſs man ganze Nationen von Riesen oder Zwerge auf dem Erdball ſinde.

Ungewöhnlich grosse Menschen oder Riesen lassen sich der Seltenheit wegen öfters für Geld sehen, wie wir wissen. Auch in Amerika ist dieses der Gebrauch, und wir sehen hier einen Peruanischen Riesen, der im Jahre 1792 aus der Stadt *Ika* nach *Lima*, der Hauptſtadt von Peru gebracht wurde, um sich zu zeigen. Sein Name war *Basilio Huaylas*; in einem Alter von 24 Jahren mass er über sieben Fuss. Die Glieder des Körpers waren unverhältnissmässig dick und plump, vorzüglich die des obern Theiles. — Gewöhnlich erſchien Huaylas in der sonderbaren Kleidung, wie wir ihn hier abgebildet ſehen. Zur Vergleichung ſteht ein Mann von gewöhnlicher Statur neben ihm, wodurch seine riesenmässige Figur noch auffallender sich heraushebt.

LE GÉANT PÉRUVIEN.

On donne le nom de *Géant* aux hommes d'une grandeur démesurée, et celui de *Nain* à ceux qui sont extrêmement petits. L'un et l'autre forment donc une exception de la taille commune des hommes: car quoiqu'il y ait vers le Nord des personnes d'une taille bien audessous de l'ordinaire, et que l'on trouve dans l'Amérique méridionale la race des Patagoniens, qui est beaucoup au dessus, ce serait tres improprement que l'on dirait que notre univers est habité par des nations entières de Géants ou de Nains.

Nous savons que dans notre pays les géants se font voir pour de l'argent comme quelque chose d'extraordinaire; c'est aussi l'usage en Amérique, et nous voyons ici un géant péruvien, qui fut transporté en 1792 de la ville d'*Ika* à *Lima*, capitale du Pérou, pour s'y faire voir. Il s'appelait *Basilio Huaylas.* À l'âge de 24 ans il avait au delà de 7 pieds; mais ses membres étaient d'une grosseur disproportionnée et rebutante, surtout la partie supérieure du corps. Ce *Huaylas* se montrait ordinairement dans le bizarre accoutrement, où nous le voyons dépeint ici. Nous avons placé à côté de lui un homme d'une stature ordinaire, pour rendre par la comparaison sa figure gigantesque plus saillante.

THE PERUVIAN GIANT.

Men of extraordinary greatness are called *Giants*, as the name of *dwarf* is given to those, who distinguish themselves by unusual littleness. Both of them are excepted from usual greatness of man, as we can not suppose there to be whole nations of giants or dwarfs upon our terrestrial globe, though tribes of lesser men may be found towards the North, as well as the great progeny of Patagonians in South-America.

Men of uncommon greatness frequently expose themselves to sight for money, on account of the scarcity, as every one knows. The same custom is also found in America, the annexed table representing a peruvian giant, called *Basilio Huaylas*, who, in the year 1792, was brought from the city of *Ica* to *Lima*, capital of Peru, in order to appear in publick. At the age of 24 years he exceeded the height of 7 feet. The members of the body were of a disproportionable bigness, particularly those of the upper part. Ordinarily *Huaylas* made his appearance in the strange custom here represented. In comparison a man of common size stands at his side, by what means his gigantic figure is rendered the more striking.

IL GIGANTE PERUVIANO.

Uomini di grandezza straordinaria si chiamano *Giganti*, siccome si dà il nome di *Nano* a quegli che sono piccoli fuor di modo. Entrambi si scostano dalla solita grandezza umana, non potendosi supporre che sul globo terrestre vi s'incontrino nazioni intere di giganti o di nani, benchè alla volta del Nord si ritrovino delle schiatte di viappiù piccoli uomini, e nell' America meridionale la gran progenie de' Patagoni.

Uomini d'insolita grandezza, ossia giganti, assai sovente si fanno vedere per danari, a cagione della rarità, come noi sappiamo. La medesima usanza ritrovasi parimente nell'America, vedendosi rappresentato nella tavola presente un gigante peruviano, di nome *Basilio Huaylas*, il quale, nel 1792 venne portato dalla città d'*Ica* a *Lima*, capitale del Perù, per farvi mostra. Nella età di 24 anni egli oltrepassava l'altezza di 7 piedi. Le membra del corpo erano d'una grossezza sproporzionata, massimamente quelle della parte superiore. Per l'ordinario *Huaylas* comparse nel costume bizzarro quì dissegnato. A paragone gli stà accanto un'uomo di statura ordinaria, il chè tanto più contrasta la di lui figura gigantesca.

DIE STATUE JOSEPH II. VOR DER KAISERLICHEN BURG IN WIEN.

Der jetzt regierende Kaiser von Oesterreich, Se. Maj. *Franz I.* beschloss dem Andenken seines grossen Oheims, *Joseph II.*, der sich durch Aufklärung und Verbreitung nützlicher Kenntnisse um seine Nation so hoch verdient machte, ein prächtiges Denkmal setzen zu lassen. Dieses sollte nach dem kaiserlichen Willen aus einer colossalen Statue Joseph II. zu Pferde von Bronze bestehen, und auf einem Piedestal von Granit ruhend, den Josephs-Platz vor der kaiserlichen Burg in Wien zieren. Der berühmte Bildhauer Herr *Zauner* in Wien erhielt den Auftrag dazu, und nach einer Arbeit von 11 Jahren wurde das Ganze auf das vollkommenste beendigt, wie wir es hier abgebildet sehen, und am 24ten November 1807 auf dem Josephs-Platze in Gegenwart der kaiserlichen Familie feierlich eingeweihet. — Kaiser Joseph sitzt im Römischen Costume zu Pferde, und verkündet durch die ausgestreckte Rechte seinen Völkern Schutz. Auf dem Piedestal befinden sich ausser den Schrifttafeln zwei grosse Basreliefs von Bronze mit Hindeutung auf Josephs Verdienste. Das uns zugewendete bezieht sich auf Josephs Befreiung und Erweiterung des Handels von Oesterreich.

Die Höhe des ganzen Monuments beträgt 33 Schuh 8 Zoll; das Pferd ist 13 Schuh hoch, die Figur des Kaisers 11 Schuh. — Die Gruppe des Pferdes mit der Figur von Bronze wiegt 400 Centner. — Diese Bildsäule ist ein schönes Denkmal teutscher Kunst, und verdient auf die späteste Nachwelt zu kommen.

LA STATUE DE JOSEPH SECOND DEVANT LE CHATEAU IMPÉRIAL A VIENNE.

---

*François Ier*, Empereur actuel d'Autriche, a résolut de faire ériger un magnifique monument en mémoire de son oncle, *Joseph II*, qui a rendu des services immortels à son peuple par les connaissances utiles qu'il a repandues, et par la culture. Sa M. I. voulant que ce fût une statue équestre colossale en bronze, reposant sur un piédestal de granit, et qu'elle fût placée devant le château impérial sur la place Joseph à Vienne, pour lui servir d'ornement, Mr. *Zauner*, célèbre sculpteur de Vienne, en fut chargé. Après 11 ans d'un travail assidu, le tout se trouva parfaitement achevé, comme nous pouvons nous en convaincre en jetant les yeux sur la planche ci jointe, et elle fut solennellement consacrée le 24 Novembre 1807 en présence de toute la famille impériale sur la place Joseph. — L'Empereur *Joseph*, costumé à la romaine, est à cheval; il étend la main droite pour assurer ses peuples de sa protection. On voit sur le piédestal outre les inscriptions, deux grands bas-reliefs en bronze, qui désignent le mérite de Joseph. La face opposée se rapporte à la liberté et à l'agrandissement du commerce de l'Autriche.

La hauteur de tout le monument est de 33 pieds, 8 pouces. Le cheval a 13 pieds de haut, et la statue en a 11. Le groupe du cheval et de la statue pèse 400 quintaux. Cette statue est un superbe monument de l'art allemand, et est digne de parvenir à la postérité la plus reculée.

EQUESTRIAN STATUE OF JOSEPH II, BEFORE THE IMPERIAL PALACE IN VIENNA.

The present Emperor of Austria, his Majesty *Francis I.* determined to get erected a magnificent monument to the memory of his great uncle, *Joseph II,* who exceedingly deserved it of his nation by introducing useful arts and sciences. The Emperor desired this monument to consist of Joseph's equestrian statue of bronze, supported by a pedestal of granite, in order to embellish *Joseph's place*, before the imperial palace in Vienna. Mr. *Zauner*, a celebrated statuary in Vienna, was charged with this commission. After 11 years of work the whole was finished in the most perfect manner, as the present view exhibits, and consecrated on *Joseph's* place, the 24. of Nov. 1807, in the presence of the imperial family. The Emperor Joseph is seated on horseback, in the roman manner announcing his protection to his subjects by the extended right hand. Besides the tables of inscription there are on the pedestal two Basreliefs of bronze, relative to Joseph's merits. The opposite side refers to the freedom and Improvements which Joseph granted to the Trade of Austria.

The height of the whole monument amounts to 33 feet, 8 inches; that of the horse to 13 feet; the figure of the Emperor is in height 11 feet. The group of the horse with the figure of bronze has 400 quintals of weight. This statue is a beautiful monument of german art, worthy of being transmitted to the remotest posterity.

STATUA EQUESTRE DI GIUSEPPE II, DAVANTI AL PALAZZO IMPERIALE IN VIENNA.

L'Imperadore presente d'Austria, sua Maestà *Francesco I*, deliberò di far ergere un magnifico monumento, in memoria del suo gran zio, *Giuseppe II*, il quale, introducendo arti utili e scienze, sommamente meritossi della sua nazione. L'Imperadore desiderò che questo monumento consistesse d'una statua equestre di Giuseppe di bronzo, sostenuta da un piedestallo di granito, per abbellirne la *piazza di Giuseppe* davanti al palazzo imperiale in Vienna. L'incombenza ne venne data al Sgr. *Zauner*, celebre statuario di Vienna. Dopo 11 anni di lavoro il tutto fù terminato colla maggiore perfezione, secondo la rappresentazione di questa tavola, e consecrato nella piazza di Giuseppe, i 24 di Nov. 1807, in presenza della famiglia imperiale. L'Imperadore Giuseppe è assiso a cavallo, nel costume romano, annunziando sua la protezione a' suoi sudditi colla destra distesa. Fuorchè le tavole d'inscrizione sul piedestallo vi sono due gran bassi-rilievi di bronzo, relativi a' meriti di Giuseppe. Il lato opposto si referisce alla liberazione di Giuseppe ed all' aggrandimento del commerzio dell' Austria.

L'altezza del monumento intiero monta à 33 piedi 8 dita; quella del cavallo à 13 piedi; la figura dell' Imperadore è alta 11 piedi. Il gruppo del cavallo insieme colla figura di bronzo ha 400 cantari di peso. Questa statua è un bellissimo monumento dell' arte tedesca, degno d'essere trasmesso alla posterità la più remota.

Pflanzen. CXV. Plantes. CXV. Plants. CXV. Piante. CXV.

SELTENE BÄUME.

Die Wachs - Palme aus Süd-America.

(*Ceroxylon andicola.*)

Auf seinen Reisen durch das südliche America entdeckte der berühmte Naturforscher, Herr *Alexander von Humboldt* auf dem Gebirge *Quindiu*, dem höchsten Theile der Anden, diese merkwürdige Palmen-Art, welche zu der ausserordentlichen Höhe von 160 bis 180 Pariser Fuſs sich erhebt. Der Stamm, welcher mit vielen faserigen Wurzeln an die Erde befestigt ist, hebt sich gerade in die Höhe; zwischen den Ringen, welche die abgefallenen Blätter bildeten, sitzt eine gelbe Rinde von 3 Linien Dicke, welche glatt wie Schilf ist, und aus einer Mischung von Harz und Wachs besteht; linker Hand sehen wir ein Stück des Stammes in natürlicher Gröſse. Diese Rinde betrachten die Eingebornen als reines Wachs, vermischen sie mit einem Drittheil Talg, und machen Wachskerzen und Lichter daraus. Die kugeligen violetten Früchte, welche einen schwach süſsen Geschmack haben, sitzen Traubenförmig beisammen; inwendig findet man eine sehr feste Mandel. Die gefiederten Blätter, deren diese Palmen-Art nie über zehn hat, erreichen eine Länge von 18 bis 21 Fuſs, so daſs das Ganze einen überraschenden groſsen Anblick gewährt.

ARBRES RARES.

Le Palmier à cire américain.

(*Ceroxylon andicola.*)

Dans les voyages, que Mr. de *Humboldt*, célèbre naturaliste a faits dans l'Amérique méridionale, il a découvert sur le mont Quindiu, qui est la partie la plus élevée des Andes, cette espèce de Palmier, qui atteint de 160 à 180 pieds de haut, mesure de Paris. La tige, tenant à la terre par ses racines filandreuses, est parfaitement droite; entre les anneaux que formaient les feuilles tombées, se trouve une écorce jaune, de 3 lignes d'épaisseur, unie comme un jonc, composée d'un mélange de résine et de cire. Nous voyons à gauche un morceau du tronc dans sa grandeur naturelle. Les indigènes considèrent cette écorce comme de bonne cire et, la mêlant à un tiers de suif, ils en font de la bougie et des chandelles. Les fruits sphéroïdes violets, assez doux au palais forment des grappes comme les raisins, et l'on trouve en dedans une amande assez ferme; les feuilles plumassées, dont le nombre n'excède jamais celui de dix, ont 18 à 21 pieds de long, de sorte que l'ensemble forme un coup d'oeil ravissant et majestueux.

RARE TREES.

The Wax-Palm-Tree of South-America.

(*Ceroxylon andicola.*)

This remarkable kind of Palm-tree, which arrives at the extraordinary height of 160 or 180 feet, has been discovered by Mr. *Alexander Humboldt*, the celebrated naturalist, during his travels through South-America, on the mountain called *Quindiu*. The trunk, that sticks to the earth with many roots and filaments, rises uprightly; betwixt the rings, formed by the fallen leaves, there cleaves a yellow bark, three lines thick, as smooth as a reed, consisting in a mixture of resin and wax. On the left we behold a piece of the trunk in its natural greatness. The natives, who consider this bark as pure wax, form thereof tapers and candles, after having mixt it with a third of tallow. The spherical fruits, of violet-colour have a sweetish taste and are crowded together like bunches of grapes; the interiour part encloses a hard almond. This Palm-tree never bears more than ten feathered leaves, rising to the height of 18 = 21 feet, so that the whole offers a surprizing and sublime sight.

RARI ALBERI.

La Palma ceruminosa dell' America meridionale.

(*Ceroxylon andicola.*)

Questa rimarchevole specie di palma, che arriva all, altezza straordinaria di 160 a 180 metri di Parigi, è stata scoperta dal Sign. *Alessandro* di *Humboldt*, celebre naturalista, durante i suoi viaggi nell' America meridionale, sul monte Quindiu. Il tronco, attaccato alla terra con molte radici cappellute, si alza perpendicolarmente; fra gli annelli, formati dalle foglie scadute, stà appiccata una scorza gialla, grossa tre linee, liscia come la canna, consistendo d'una mistura di resina e di cera. A sinistra vediamo un pezzo del tronco in grandezza naturale. I nativi del paese, che prendono questa scorza per cera pura, ne formano ceri e candele dopo averla mescolata con un terzo di sevo. Le frutta sferiche e paonazze hanno un sapore dolcigno; sono congiunte insieme a grappoli; al di dentro ritrovasi una mandorla sodissima. Questa specie di palma non porta mai più di dieci foglie piumate, che giugnono all' altezza di 18 a 21 piedi, di modo che il tutto offre una vista sorprendente e sublime.

DIE PERUANISCHEN INCAS.

Die alten *Peruaner* in *Südamerika* waren ein schon ziemlich gebildetes Volk. Sie hatten Erbkönige, welche, so wie alle königliche Prinzen, *Incas* genannt, und von den *Peruanern* für Göttersöhne, für Abkömmlinge der *Sonne* gehalten wurden, unter deren Bild sie die höchste Gottheiten verehrten.

Diese *Incas*, deren Familie jetzt beinahe ganz von den Spaniern, welche *Peru* eroberten, ausgerottet worden ist, standen, wie schon aus dem Vorgesagten zu ersehen ist, in aufserordentlichem Ansehen.

Auch noch heut zu Tage, wird ihr Andenken in hohen Ehren gehalten, und sie werden noch immer von den jetzigen *Peruanern* bei allen Feierlichkeiten und festlichen Aufzügen allegorisch, doch in einem kostbarerern, auch mehr modernisirten Costüme, als zu den Zeiten des Glanzes dieser Fürsten Sitte war, dargestellt.

Eine solche allegorische Darstellung neuerer Zeiten ist auf unserer Kupfertafel abgebildet. Wir sehen hier einen *Inca* mit seiner Gemahlin in moderner Staatskleidung, von der alten in einigen Stücken verschieden, wie sie jetzt noch zur Rückerinnerung an die alten Zeiten, von *Peruanern*, die nicht zu ihren Abkömmlingen gehören, bei grofsen Feierlichkeiten nachgebildet werden.

LES INCAS PÈRUVIENS.

Les anciens Péruviens, habitans de *l'Amérique* méridionale étaient de tout tems assez cultivés. Ils avaient des rois héréditaires, qui, ainsi que les princes de leur sang, s'appelaient *Incas*. Les Péruviens les croyaient fils des dieux, descendans du soleil, qui était l'emblême sous lequel ils adoraient la divinité suprême.

On comprend aisément que les *Incas*, dont la famille a été détruite presque en entier par les Espagnols, qui ont fait la conquête du Pérou, jouissaient d'une très-grande autorité.

Leur mémoire est encore très-honorée de nos jours; et dans toutes les céremonies et processions solemnelles, les Péruviens d'aujourd'hui les représentent allégoriquement, dans un costume plus riche et plus moderne que ne le comportait l'usage, lors de la puissance de ces princes.

La planche ci-jointe nous en offre une représentation allégorique récente. C'est un *Inca* avec son épouse, dans un costume plus moderne, qui s'éloigne à quelques égards de l'antique, tels qu'ils sont représentés maintenant dans les grandes cérémonies pour rappeler les anciens usages aux Péruviens, qui n'appartiennent pas à leur descendance.

PERUVIAN INCAS.

The ancient Peruvians in South-America were a nation tolerably well civilized They had hereditary kings, who, as well as all the royal princes, were called *Incas*, being regarded by the Peruvians as sons of Gods, off-springs of the sun, under the figure of which they adored the supreme deity.

These *Incas*, whose families at present have almost been extirpated by the Spaniards, who conquered Perù, enjoyed a preeminence of reputation and honour, as we can judge by what has been before mentioned.

Even now-a-days much reverence is paid to their memory, the present Peruvians still continuing to represent them symbolically, on solemn processions, though dressed in more precious and modernized garments than these princes used to wear at the time of their splendour.

The annexed view exhibits such an allegorical representation of modern times. We behold an *Inca* with his consort in their modern habit of parade, which in some particulars differs from the ancient one, as they are represented still now a days, on great solemnities, for the remembrance of ancient times, to the Peruvians, who do not belong to their descendants.

INCAS PERUVIANI.

Gli antichi Peruviani nell' *America meridionale* erano una nazione assai cultivata. Essi avevano Rè ereditarj, i quali, come tutti i principi reali, si chiamavano *Incas*, essendo riguardati da' Peruviani come figli de' Dej, discendenti del sole, sotto la cui figura essi adoravano la suprema deità.

Questi *Incas*, la cui famiglia oggidí è stata pressoche sterminata dagli Spagnuoli, che conquistarono il Perù, godevano di grandissima autoritá e riputazione, come si può giudicare dalle cose sopraccennate.

Ancora oggidí la lor memoria è molto rispettata, i Peruviani continuando a rappresentarli simbolicamente in tutte le processioni solenni, benchè adorni di vestimenti più preziosi e più moderni che non portarono questi Principi al tempo del loro splendore.

La tavola aggiunta espone una tal rappresentazione allegorica de' tempi moderni, vedendosi un' *Inca* insieme con sua consorte nell' abito moderno da gala che differisce dall' antico in alcune particolarità, siccome vengono tuttora rappresentati, in giorni di gran solennità, per rinnovellare la memoria d' tempi antichi a' Peruviani che non appartengono a' loro discendenti.

I.

II.

TÜRKISCHE GRÄBER.

Den Neu-Griechen und Türken erscheint der Tod, wie es auch im Alterthum war, unter keinen Bildern der Furcht und des Schreckens; er ist für sie ein Zustand sanfter Ruhe, an den sie ohne Abscheu denken, deswegen beerdigen sie auch ihre Todten in offenen Särgen mit kostbaren Stoffen umgeben; den Leichnam bekleiden sie mit den besten Kleidern des Verstorbenen, und bestreuen ihn mit Blumen. So tragen sie die letzten Ueberreste zu den Grabstätten, welche wie bei den Alten, aufser den Städten an Landstrafsen, oder auf Anhöhen, von Cypressen umgeben, liegen, und öfters zu öffentlichen Spatziergängen dienen. Die Grabmähler sind von den anmuthigsten Formen; oft bestehen sie aus offenen Kästen von weifsem Marmor (Fig. II.) an denen sich Säulen erheben, welche mit Emblemen, die sich auf das Geschlecht und den Stand des Verstorbenen beziehen, geziert sind. — Der Turban bedeutet einen Mann, eine Art von Urne die Frau, eine Rose das Mädchen. — In diese mit lockerer Erde gefüllten Kästen werden Blumen gepflanzt, welche von den zurück gelassenen Verwandten mit religiöser Sorgfalt gepflegt werden.

Reichere Türken lassen auch ganze Begräbnifs-Hallen bauen (Fig. I.) diese bestehen entweder aus offenen Bogen, welche eine Kuppel tragen; oder sie sind verschlossen, und erhalten ihre Beleuchtung von oben. — Noch gröfsere Gebäude haben, wie wir hier sehen, eigene offene Vorhallen, worinne die Muhammedaner ihr Gebet verrichten.

TOMBEAUX TURCS.

Les nouveaux Grecs et les Turcs, ainsi que les anciens, envisagent la mort sans crainte et sans effroi, car n' étant à leurs yeux qu'un état de repos plus parfait, elle est loin de leur causer de la frayeur; aussi déposent-ils leurs morts dans des tombeaux ouverts, qu'ils entourent d'étoffes précieuses; ils revêtissent le cadavre des plus beaux habits du défunt, et le couvrent de fleurs. C'est ainsi qu'ils transportent ces dépouilles terrestres aux lieux de sépulture, qui, de même que chez les anciens, sont situés hors des villes, sur les grands-chemins, ou sur des collines couronnées de cyprès, et qui très-souvent servent de promenades publiques. Les Mausolées ont les formes les plus charmantes; quelquefois ce sont des caisses de marbre blanc, ouvertes, (Fig. II.) ornées de colonnes chargées d'emblêmes, qui ont rapport à la famille et à la condition du défunt. Le turban désigne l'homme, une espèce d'urne la femme, une rose la fille. Les parens du défunt remplissent de terre ces caisses ouvertes, et y plantent des fleurs, qu'ils cultivent avec une attention religieuse.

Les Turcs opulents font même bâtir des caveaux, (Fig. I.) formés par des arcades ouvertes, supportant une coupole; ou bien ils sont fermés et éclairés par en haut. Il y a encore de plus grands édifices, qui, comme nous le voyons ici, ont un portique ouvert, où les Mahométans font leur prière.

TURKISH TOMBS.

To the modern Greeks and Turks death, according to the usual manner of antiquity, does not appear under aspects of fear and terror, they rather consider it as a state of sweet repose, without aversion. For that reason they bury their corpses in open coffins, trimmed with precious stuffs; they drefs the dead body in the best clothes of the deceased, covering him with flowers. Thus they commit the last remains to graves situated without the towns, on high-ways or upon hills surrounded by cypresses. These sepulchers, which frequently serve as publick walking-places, are of the most charming forms, consisting in open chests of white marble, (Fig. II.) near which arise pillars decorated with symbols relative to the sex and rank of the deceased. The turban signifies a man; a kind of urn a woman; a rose denotes a girl. Within these chests, filled with light earth, they plant flowers, that are cultivated with religious care by the relations of the deceased.

Richer Turks get built whole funeral-halls, (Fig. I.) which consist either of open arches, bearing a cupola, or are locked up and enlightened from above. The annexed view likewise exhibits buildings of greater compass, provided with open vestibles, where the Mahometans perform their devotion.

TOMBE DE' TURCHI.

Ai Greci moderni e Turchi la morte, secondo l'usanza dell' antichità, non apparisce sotto aspetti di paura e di terrore, anzi essi lo riguardano come uno stato di dolce riposo, senza veruna avversione. Per questa cagione essi sotterrano i loro morti in bare aperte, adorne di drappi preziosi; addobbano il cadavere de' migliori abiti del defunto, spargendolo di fiori. In tal modo essi portano gli ultimi avanzi a tombe situate fuori delle città, presso le strade maestre, oppure in su poggi attorniati di cipressi. Così fatti sepolcri, leggiadramente formati, servono spesso di passeggio; sovente consistono in casse aperte di marmo bianco, (Fig. II.) accanto alle quali s'alzano pilastri adorni di simboli relativi al sesso ed al rango del trapassato. Il turbante significa l'uomo; una specie d'urna la donna; una rosa denota la ragazza. Dentro a' queste casse, empiute di terra soffice, si piantano de' fiori che vengono cultivati con cura religiosa da' parenti del defunto.

I Turchi ricchi fanno altresì fabbricare de' portici sepolcrali intieri, (Fig. I.) che consistono d'archi aperti, portanti una cupola, ovvero sono serrati ed illuminati d'alto. — Questa tavola rappresenta parimente degli edifizj di ampiezza maggiore, provveduti di vestiboli aperti, dove i Maomettani fanno le loro divozioni.

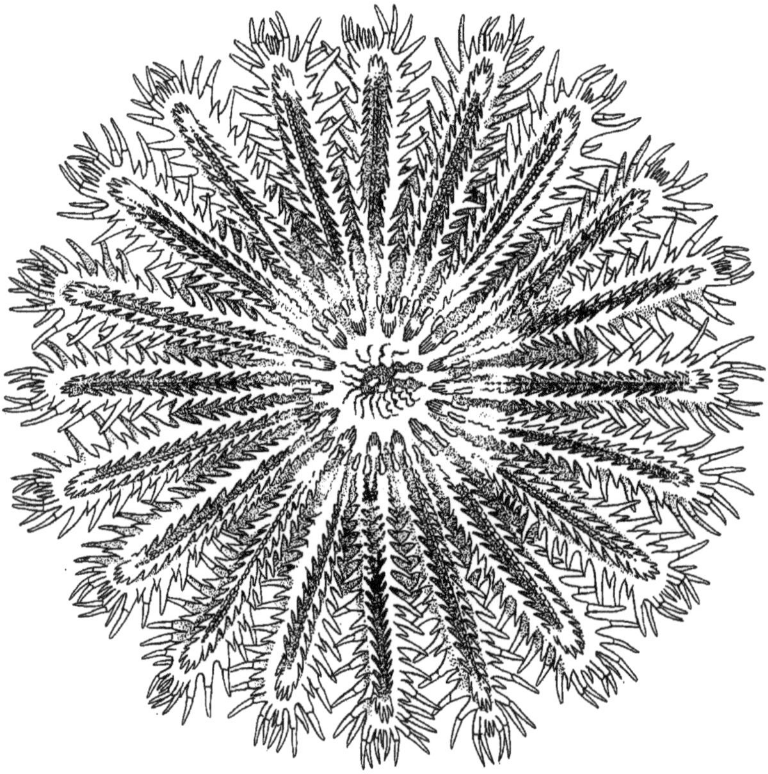

DER SEEIGEL-FÖRMIGE MEERSTERN.

Im III. Bande No. 94. unseres Bilderbuchs lernten wir von der Classe der Meersterne oder Asterien bereits den wunderbaren Medusenstern kennen. Die gegenwärtige Tafel stellt uns eine andere, äufserst seltene Art dieser Geschöpfe, den *Seeigelförmigen Meerstern* (Asterias Echinoides) dar. Dieser findet sich in den Indischen Seen, und wird bisweilen so grofs, dafs er mehr als 12 Zoll im Diameter mifst. — Von dem plattgedrückten, mit einer lederartigen Haut bedeckten Körper, laufen zwanzig Strahlen aus, welche, so wie der Körper, mit Stacheln besetzt sind. Der Mund dieses Thieres ist die Oeffnung, welche wir in der Mitte des Körpers erblicken.

Sehr schöne Exemplare dieses seltenen Geschöpfes wurden in dem vormaligen Leverschen Museo in London aufbewahrt.

L'ASTÉRIE ÉCHINOIDE.

Nous avons déjà appris à connaître l'étonnante *étoile à tête de Meduse*, de la famille des Astéries dans le 94e No. du IIIe Volume de notre Porte-feuille d'enfans. La planche ci-jointe nous offre une autre espèce extrêmement rare de ces animaux, *l'Astérie échinoide* (Asterias echinoides.) On la trouve dans la mer des Indes, ayant quelquefois plus de 12 pouces de diamêtre. Le corps, dont la peau est coriace comme la basanne, est plat; il est, ainsi que les vingt rayons, qui en partent, armé d'aiguillons. L'ouverture que nous remarquons au milieu du corps, c'est la bouche de cette bête.

On conservait à Londres de très-beaux modèles de cette rare créature dans le ci-devant Musée de Lever.

THE ECHINOID ASTERIAS.

In Vol. III. No. 94. of our Picture-Gallery we already became acquainted with the admirable *Medusa's head sea star*, belonging to the genus *Asteria* or *star-fish*. The annexed table exhibits an other extraordinary species of these animals, viz, the *echinoid Asterias*. It is a native of the Indian seas, which sometimes arrives at so considerable a size, as to measure more than twelve inches in diameter. From the body depressed and covered with a coriaceous crust arise twenty rays, that are spinous as well as the body. The mouth of this animal consists of the aperture, which we behold in the midst of the body.

Most beautiful specimens of this curious animal were formerly preserved in the Leverian Museum at London. —

L'ASTERIA ECHINITE.

In Tom. III. No. 94. della nostra galleria di pitture già imparammo a conoscere la maravigliosa stella marina a testa di Medusa, appartenente al genere *Asteria* ossia *stella marina*. Questa tavola rappresenta un' altra spezie straordinaria di questi animali, cioè *l'Asteria echinite*. Essa è originaria de' mari indici, giugnendo talvolta ad una tal altezza che misura più di dodici dita in diametro. Dal corpo depresso e ricoperto di una crosta ossea sortono venti raggi, che sono spinosi al pari del corpo. La bocca di questo animale è l'apertura che si vede nel centro del corpo.

Molti esemplari bellissimi di questo strano animale già si conservarono nel Museo Leveriano in Londra. —

Verm. Gegenst. CXXIV. Melanges. CXXIV. Misc. Subj. CXXIV. Miscellanea. CXXIV.

I. Mejs sculps.

DIE PAULSKIRCHE IN LONDON.

Die *Paulskirche* in London, welche wir hier von der Seite der Themse abgebildet sehen, ist eins der schönsten und erhabensten Gebäude der neuern Baukunst. — Sie liegt in der Mitte jener grofsen Hauptstadt des brittischen Reichs, und wurde an die Stelle der vorher dastehenden, aber durch den fürchterlichen Brand von 1666 fast ganz zerstörten gothischen Hauptkirche erbauet. Der berühmte Baumeister Ritter *Christoph Wren* machte den Plan dazu, nach dem Vorbilde der Peterskirche in Rom. Der Bau wurde den 21. Junius 1675 begonnen, und im Jahr 1710, also in 35 Jahren, war das grofse Werk durch denselben Baumeister *Wren* geendigt. Die Kosten betrugen 4,420,512 Thaler.

Die *Paulskirche* hat die Form eines Kreuzes. Von aufsen ist sie durch drei prächtige Eingänge, und zwei Reihen Pilaster verziert. Ueber dem Haupteingang stehen zwei Glockenthürme, die Hauptzierde aber ist der prächtige Dom, oder gewölbte Thurm, welcher sich in der Mitte erhebt. Zwei und dreifsig Säulen stützen den Dom, und tragen eine, mit einer Balustrade versehene, Gallerie, bis zu welcher man vom Boden 534 Stufen zu steigen hat. Ueber der Gallerie erhebt sich die prächtige Kuppel oben mit einer zweiten Gallerie. Darüber steht ein kleines Schlufs-Gebäude oder Laterne, welche sich in eine vergoldete Weltkugel und Kreuz endigt. — So prächtig das Aeufsere der Paulskirche ist, so leer ist das Innere, welches blos durch zwei Bildsäulen von *Johnson* und *Howard*, und zwei Monumente, so wie durch eroberte See-Flaggen verziert ist.

Bemerkeswerth auf unserer Kupfertafel ist auch die feierliche Wasserfahrt des *Lord Mayors* oder Oberbürgermeisters von London, die bei der Amtsantretung, den 9. November jedes Jahres statt hat, wo er mit grofsem Pomp in prächtig verzierten Gondeln nach Westminsterhall fährt.

L'ÉGLISE DE ST. PAUL À LONDRES.

L'église de St. Paul, que nous voyons ici du côté de la Tamise, est un des édifices les plus beaux et les plus majestueux de l'architecture moderne. Elle est située au centre de cette immense capitale de l'empire britannique; et elle fut bâtie à la place, qu'occupait la superbe cathédrale, qui fut détruite presque en entier par le terrible incendie de 1666. Le chevalier Christophe *Wren*, célèbre architecte, en fit le plan sur le modèle de l'église de St. Pierre à Rome. On en posa la première pierre le 21. Juin 1675, et ce grand ouvrage fut terminé en 1710 par le même architecte *Wren*, par conséquent dans l'espace de 35 ans. Les frais s'élevèrent à 4,420,512 écus de Saxe.

L'église de St. Paul a la forme d'une croix. En dehors elle est ornée de trois magnifiques entrées et de deux rangs de pilastres. Sur l'entrée principale se trouvent deux clochers; mais son plus bel ornement c'est le superbe dôme, qui s'élévant au milieu, repose sur trente deux colonnes, lesquelles supportent une galerie pourvue d'une balustrade. Pour parvenir à cette dernière il faut monter 534 degrés. Audessus de la galerie se voit la magnifique coupole avec une seconde galerie. Audessus est placé un petit observatoire, terminé par un globe doré et une croix. L'intérieur est loin de répondre à la magnificence de l'extérieur, car il n'est orné que de deux statues de Johnson, de Howard, de deux monumens, ainsi que de pavillons conquis sur les ennemis de la Grande-Bretagne.

La promenade sur l'eau, que fait tous les ans le Lord-maire dans des Gondoles richement décorées, et avec un cortège superbe, pour se rendre à Westminsterhall, le 9. Novembre, jour où il entre en fonction, est représentée sur notre planche, et mérite de fixer notre attention.

ST. PAUL'S CATHEDRAL AT LONDON.

The *cathedral church of St. Paul*, which we see here represented from the side of the Thames, is one of the most beautiful buildings of modern architecture. It stands in the centre of the great metropolis of the british empire, being reared in the place of an ancient gothic cathedral, that was almost entirely destroyed by the terrible fire of 1666. The celebrated Architect, Sir *Christopher Wren*, formed his plan of it partly on the Model of St. Peter's Church at. Rome This immense edifice was reared in 35 years, the foundation being laid on the 21st. of June 1675 and the building completed in 1710, at the expence of 4,420,512 dollars of Saxony.

This Cathedral is in the form of a cross. The outside is adorned with three magnificent entrances and two ranges of pilastres. Above the principal entrance stand two steeples; the chief ornament, however, is the stately dome, rising in the centre. The dome rests on 32 columns supporting a gallery surrounded by a balustrade, the ascent to which from the bottom is by 534 steps. Over the gallery rises the magnificent cupola with a second gallery, on the top of which stands a little turret or lanthorn terminating in a gilded ball and cross. — The inside of St. Paul's is so far from corresponding in beauty with its exterior that it is only decorated with conquered ship's flags and two statues and monuments erected in honour of Johnson and Howard.

The annexed view exhibits likewise a remarkable procession consisting of the *Lord Mayor's* going by water to Westminster-hall, with great pomp, in barges splendidly decorated. This procession takes place annually on the 9th. of November, being the day on which the new chief magistrate enters upon the duties of his office.

CHIESA CATTEDRALE DI S. PAOLO IN LONDRA.

La *chiesa cattedrale di S. Paolo* in Londra, che vediamo qui rappresentata dalla parte del Tamigi, è uno de' più magnifici e de' più begli edificj dell' architettura moderna. Essa stà nel centro della gran Metropoli dell' Inghilterra, essendo rizzata nel luogo d'una antica cattedrale gotica che venne intieramente distrutta dall' orribile incendio del 1666. Il celebre Architetto Sgr. *Christofano Wren* ne levò la pianta a norma della Basilica di S. Pietro in Roma. Questo immenso edifizio venne eretto in 35 anni, i fondamenti essendone gittati ne' 21 di Giugno 1675 e la fabbrica compita nel 1710, alle spese di 4,420,512 talleri.

La *cattedrale di S. Paolo* è fatta in forma di croce. L'esteriore n'è adorno di tre magnifiche entrate e di due file di pilastri. Al dissopra dell' entrata maggiore stanno due campanili, ma l'ornamento principale si è il maestoso duomo, ossia torre fatta a volta, che s'alza nel centro. Il duomo si regge su 32 colonne sostenenti una galleria attorniata d'una balustrada in sulla quale si sale per 534 gradini. Sopra la galleria s'innalza la superba cupola con una seconda galleria, sulla cui cima è posta una torricella ossia rocchetto terminante in una palla e croce dorata. L'interiore di questa cattedrale non corrisponde punto alla bellezza dell' esteriore, non essendo adorno che di bandiere conquistate e di due statue e monumenti rizzati in onore di Johnson e Howard.

Questa tavola rappresenta altresi il solenne tragitto del *Lord Mayor*, ossia Borgomastro maggiore in Londra, che si fà annualmente i 9 di Novembre, all, ingresso del suo uffizio, passando egli per acqua a Westminster, con gran pompa, in gondole magnificamente decorate.

SCHÖNE AUSLÄNDISCHE STRÄUCHE.

Der pontische Alpbalsam.

(*Rhododendron ponticum.*)

Der pontische *Alpbalsam*, ist ein schönes Gewächs, welches sich im Orient, so wie in mehreren Theilen Süd-Spaniens, vorzüglich in der Gegend von Gibraltar findet, und auch in Teutschland häufig in unsern Orangeriehäusern gezogen wird. Bei gehöriger Pflege bildet er einen Baumartigen Strauch von 5 bis 6 Fuſs Höhe. Die länglichen vorn zugespitzten Blätter sind immer grün, auf der obern Fläche glänzend, auf der untern Seite heller grün, mit starken Adern durchzogen, und gegen den Rand etwas umgebogen. Sie sitzen Parthieenweise gegen die Spitzen der Zweige zu, ihr Blattstiel ist ganz kurz. Im Juny und July kommen an den Spitzen der Zweige die schönen rothen fünfblättrigen Blüthen zum Vorschein, welche Büschelförmig zusammensitzen, und diesen Strauch als Gartenzierde empfehlungswerth machen. Auf den ersten Anblick hat er Aehnlichkeit mit dem Oleander (Nerium Oleander); doch bei näherer Betrachtung findet sich der Unterschied leicht.

Die Gattung des *Alpbalsams* zählt eilf Arten, welche meistens auf hohen Bergen oder Alpen sich finden, und daher den Namen haben. In dem Vaterlande dieses Strauchs werden einige Arten wegen ihrer zusammenziehenden Eigenschaften als Arzneimittel gebraucht.

BEGLI ARBUSTI ESOTICI.

Il Rhododendro.

(*Rhododendron ponticum.*)

Questa bella pianta ritrovasi nell' Oriente ed in molte parti della Spagna meridionale, principalmente ne' contorni di Gibilterra, e nelle stufe di Germania. Se viene coltivata come conviensi essa forma un' arboscello di 5 a 6 piedi d'altezza. Le foglie bislunghe ed appuntate nella parte davanti sono sempre verdi; la lor superficie è luccicante; nella parte inferiore sono d'un verde più gajo, attraversate da forti vene ed adunche all' estremità. Esse sono aggroppate insieme verso la cima de' ramicelli; il gambo è cortissimo. Ne' mesi di Giugno e di Luglio alle punte de' rami vi compariscono bellissimi fiori rossi di cinque foglie riunite in ciocche, onde questo arbusto forma un vagissimo ornamento de' giardini. A prima vista esso rassomiglia all' Oleandro, ma riguardandolo con più attenzione agevolmente si scopre la differenza. —

Questo arbusto contiene undici spezie, che s'incontrano per lo più su alti monti, ossia Alpi, onde deriva il loro nome. Nella patria di questo arbuscello alcune spezie sene adoperano in medicina a cagione della loro virtù astringente.

Verm. Gegenst. CXXV. Melanges. CXXV. Misc. Subj. CXXV. Miscellanea. CXXV.

DER RIESENDAMM IN IRLAND.

Nicht minder merkwürdig als die Insel Staffa und die Fingals-Höle in Schottland ist der an der nordwestlichen Küste von Ulster in der Grafschaft Antrim in Irland gelegene prächtige *Riesendamm*, den die Natur aus unzähligen, senkrecht stehenden Basalt-Pfeilern gebildet hat, und den der Aberglaube früherer Zeiten für ein Werk von Geistern und Riesen ausgegeben hat. — Diese Massen von Basalt-Säulen, (man hat ihrer gegen 30,000 gezählt) bilden eine Art von Vorgebirge, welches sich allmählich gegen die See zu herabzieht, und in einem Damm endigt, der durch die gleichförmig-abgebrochenen Basaltpfeiler einen ebenen Weg bildet, auf dem man gehen kann. Dieser Damm ist gegen 600 Fuſs lang und 120 bis 140 Fuſs breit. Die einzelnen Pfeiler haben im mittlern Durchmesser 12 bis 15 Zoll, und sind vier-sechs- auch achteckig, doch die meisten sechseckig, wie wir hier sehen; auf der einen Seite erhaben, auf der andern ausgehölt, wodurch die einzelnen Theile der Säulen wie die Wirbel des Rückgrates in einander greifen, und sich aufrecht erhalten.

LA CHAUSSÉE DES GÉANTS EN IRLANDE.

La *chaussée des géants*, située au nord-ouest, sur la côte d'Ulster, dans le comté d'Antrim en Irlande, que la nature a formée d'un nombre infini de colonnes basaltiques toutes perpendiculaires, n'est pas moins remarquable que l'île de Staffa, et la Caverne de Fingal en Ecosse. La superstitieuse antiquité n'a pas manqué de la regarder comme l'ouvrage des esprits et des géants. Ces masses de colonnes basaltiques, (on en a compté audelà de 30,000) forment une espèce de Cap, qui, se prolongeant insensiblement vers la mer, se termine en une chaussée unie et pratiquable, parceque les colonnes basaltiques sont également tronquées. Cette chausée a près de 600 pieds d'étendue sur 120 à 140 de largeur. Chaque colonne a en diamètre moyen 12 à 15 pouces. Elles sont carrées, sexogones et octogones, mais sexogones pour la plupart, comme nous le voyons ici. Elles sont d'un côté élevées, de l'autre creuses, ce qui fait que les parties séparées des colonnes, ainsi que l'astragale du dos se joignent et se soutiennent mutuellement.

THE GIANTS-CAUSEWAY IN IRELAND.

The isle of Staffa and Fingal's cave in Scotland are not superior in beauty to the magnificent *Giants-causeway*, situated on the northwestern coast of Ulster, in the county of Antrim in Ireland. It is naturally formed of innumerable pillars of basaltes which arise perpendicularly, having been regarded in former times by superstitious people as a work of spirits and giants. Those pillars of basaltes (which are reckoned 30,000) form a kind of promontory gradually declining towards the sea and terminating in a causeway, which by means of the pillars proportionately broken off forms an even way. This causeway has about 600 feet in length and 120 to 140 in breadth. The single pillars have 12 to 15 inches in diameter, being quadrangular, sexangular and octangular, but for the most part sexangular, as the present table shews, on one side elevated and on the other fluted, whereby the single parts of the pillars join together like the vertebres of the back-bone, thus supporting themselves in an upright direction.

L'ARGINE DI GIGANTI IN IRLANDA.

L'isola di Staffa e la caverna di Fingal in Iscozia non sono superiori in bellezza al magnifico *Argine di Giganti*, situato in sulla spiaggia d'Ulster, tra Occidente e Settentrione, nella contea d'Antrim in Irlanda. Esso è naturalmente formato d'innumerabili pilastri di basalto che s'alzano perpendicolarmente, essendo per l'addietro stati riguardati da gente superstiziosa come un' opera di spiriti o di giganti. Questi pilastri di basalto (il cui numero monta a 30,000) formano una spezie di promontorio declinando pian piano verso il mare e terminando in un' argine, il quale mediante i pilastri proporzionalmente staccati forma una via piana dove si può camminare. Questo argine ha incirca 600 piedi di lunghezza e 120 a 140 di larghezza. I singoli pilastri hanno 12 a 15 dita in diametro, essendo quadrangolari, esagonati ed ottangolari, ma per lo più esagonati, come vediamo quì, da un lato rilevati e dall' altro scavati, onde le singole parti de' pilastri incastrano al pari delle vertebre della schiena, in tal modo sostenendosi in una direzione perpendicolare.

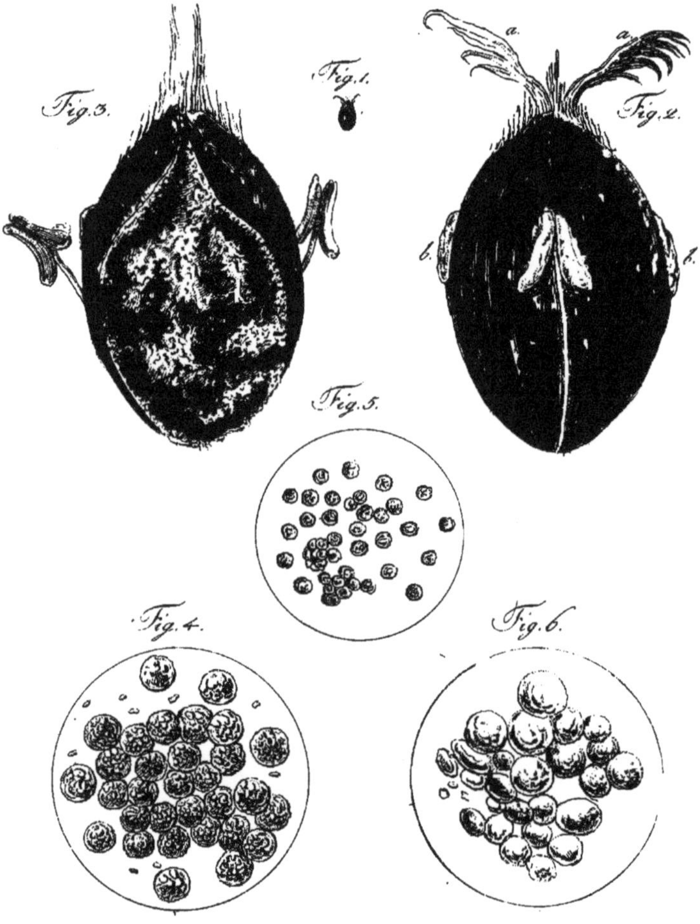
Fig.1.
Fig.2.
a.
a.
b.
b.
Fig.3.
Fig.4.
Fig.5.
Fig.6.

DER BRANDPILZ DES WAIZENS.

Der Brand der Getraide-Arten, welcher oft gar sehr den Ertrag der Ernten vermindert, ist eine Krankheit der Getraidepflanzen, welche erst dann erkennbar wird, wenn die Aehren anfangen hervorzutreiben. Am häufigsten wird der Waizen mit dieser Brandkrankheit befallen, welche darinn besteht, daſs die Körner nicht gehörig befruchtet werden, und daher statt eine weiſse mehlige Masse zu enthalten, mit schwärzlichen, im frischen Zustande stinkenden Staubkörnchen erfüllt sind, welche endlich die ganze Aehre beschmutzen, wenn die brandigen Waizenkörner endlich bersten und der Brandstaub ausfliegt. Fig. I. ist ein brandiges Waizenkorn in natürlicher Gröſse; Fig 2. und 3. stark vergröſsert; *b b b* sind bei beiden Abbildungen die aus Krankheit unfruchtbaren Staubbeutel und *a a* Fig. 2. die durch Krankheit verunstalteten weiblichen Befruchtungtheile. Fig. 3. zeigt das Innere eines brandigen Waizenkornes. Fig. 4. eine Anzahl stark vergröſserter Körnchen des Brandstaubes. Jedes Körnchen besteht wieder aus mehreren andern zusammengeballten Klümpchen, welche, wenn man den Brandstaub anfeuchtet, unter dem Mikroskop erkennbar werden. Fig. 6. zeigt die Gestalt einzelner Staubkörnchen des gesunden, noch nicht ganz gereiften Waizenmehles, wenn es etwas feucht ist. Der Brandstaub des Waizens ist nun in der That eine beſondere Art von Staubpilzen, welche zu der an Arten zahlreichen Gattung der Brandpilze gehört, zu welcher Gattung auch der sogenannte Rost oder Roststaub der Getraidearten gerechnet wird; Fig. 5. zeigt die Gestalt der stark vergröſserten Körner des Roststaubes der Gerste.

UREDO DES BLÉS.

La Carie de diverses espèces de blés, laquelle diminue souvent de beaucoup le rapport des moissons, est une maladie qui attaque les tiges des blés, mais dont on ne s'aperçoit que lorsque l'épi commence à pousser. Le froment est le plus exposé à cette maladie, qui consiste en ce que les grains ne sont pas fécondés, et qu'au lieu d'une masse blanchâtre farineuse, ils sont remplis de globules assez petits noirâtres, puants, qui finissent par gâter l'épi entier, lorsque le grain carié vient à crêver, et que la poussiére de la carie s'envole. A la Ire Figure nous voyons un grain de froment carié dans sa grosseur naturelle; à la 2e et 3è fig. nous le voyons beaucoup grossi; dans les deux Figures, *b b b* indiquent les anthères, que l'état de maladie rend stériles et *a a*, dans la 2e, les pistils défigurés par la maladie. La 3e figure représente l'intérieur d'un grain de froment carié; la 4e quelques grains de poussière de la carie assez grossis. Chaque grain est composé de plusieurs globules adhérens les uns aux autres, que l'on distingue par le moyen du microscope, lorsqu'on humecte la poussière de la carie. La sixième figure montre la grosseur des grains isolés de poussière de la farine de froment sain, mais qui n'est pas entièrement mûr, quand cette même poussière est mouillée. La poussière de la carie est réellement une espèce particulière des champignons, qui proviennent de la poussière; elle doit être comptée parmi les Uredos, (Uredo Segetum) dont les espèces sont si nombreuses, parmi lesquels on doit aussi classer la *Rouille* des blés; la 5e figure représente la forme des grains de la rouille de l'orge, mais très-grossis.

THE BLAST OF WHEAT.

The blast of corn, which frequently impairs the produces of harvest, is a sickness of the corn-plants, which is not discernible untill the ears begin to bud. Wheat is most frequently attacked by this sickness of blast, that consists in the grains not being duely ripe, whence instead of containing a white and mealy substance, they are filled up with blackish grains consisting of dust and stinking in their fresh state, whereby at length the whole car is soiled, when the blighted wheat-grains burst and the blasting flies out. F. I is a blasted wheat-grain in its natural greatness. Fig. 2. and 3. considerably magnified. *b b b* in both figures there are the tops sterilized by sickness. *a a.* Fig. 2. the pistils deformed by sickness. Fig. 3. shews the interior of a blasted wheat-grain. Fig. 4. exhibits a number of magnified grains of the blasting. Every grain is composed of several other lumps accumulated together, which we discern through the microscope on moistening the blast. Fig. 6. shews the form of single grains of the sound and immature wheat-flour, when it is wettish. The blasting of wheat is but a particular kind of mushrooms consisting of dust and belonging to the genus *blast*, comprehending many species. To the same genus is likewise ascribed the pretended *rust* of corn. In Fig. 5. we behold the form of the grains of the rust of barley greatly magnified.

LA GOLPE DEL FORMENTO.

La golpe delle biade che spesso scema il prodotto delle raccolte é un' infermità delle piante cereali che non è discernevole se non quando le spighe cominciano a germogliare. Soprattutto il formento viene attaccato da questo male cagionato da' grani non debitamente fertilizzati, laonde invece di contenere una sostanza bianca e farinacea, essi sono ripieni di granellini nericci e puzzolenti nello stato fresco che finalmente macchiano tutta la spiga, quando i grani annebbiati si spaccano, volandosene la nebbia. F. I. è un grano di formento involpato in grandezza naturale. F. 2. e 3. fortemente ingrossato. *bbb* in ambedue figure vi sono le antere sterilite da infermità. *aa.* Fig. 2. i pistilli sfigurati da infermità. Fig. 3. mostra l'interiore d'un grano annebbiato di formento. Fig. 4. rappresenta un numero di granellini della nebbia fortemente ingrossati. Ciascun grano è composto di più altri gruppi ammucchiati che si discernono coll' ajuto del microscopio umettandosi la nebbia. Fig. 6. fà vedere la forma de' singoli granellini della sana farina di formento non ancora pervenuto alla maturità, quando è molliccio. La nebbia del formento è una specie particolare di funghi consistenti di polvere che appartiene al genere *nebbia*, comprendendo molte specie. Allo stesso genere viene parimenti ascritta la cosi detta ruggine delle biade. Fig. 5. espone la forma de' grani ingrossati della ruggine dell'orzo.

I.

II.

RUINEN DER ALTEN STADT SAGUNT IN SPANIEN.

Im südlichen Spanien, zwischen Valencia und Barcellona liegt die Stadt Murviedro, wo sich die Ruinen des alten *Sagunt* befinden, wovon wir Ueberreste auf unserer Tafel bei Figur I. und II. erblicken.

Die Stadt *Sagunt* ist im Alterthum wegen der beispiellosen Hartnäckigkeit berühmt, mit welcher die Einwohner als Bundesgenossen der Römer, nach dem ersten punischen Kriege sich gegen die Carthaginenser unter Hannibal vertheidigten. Die Belagerung dauerte acht Monate; als endlich die Carthaginenser unter Sturm in die Stadt drangen, und Hannibal den raubgierigen Soldaten die allgemeine Plünderung versprochen hatte, so fand er mit Entsetzen nichts als Zerstörung und Trümmern. Kein Saguntiner wollte den Sturz seiner Freiheit überleben; wer nicht mit den Waffen in der Hand kämpfend gefallen war, verschloſs sich mit seinen Angehörigen in die Häuser, welche angezündet wurden, und so übergaben sie sich mit ihren Kostbarkeiten den Flammen als freie Bürger.

Die Römer rächten im zweiten punischen Kriege die Saguntiner, vertrieben die Carthaginenser aus dieser noch in Trümmern liegenden Stadt, und baueten sie prächtiger als vorher auf. Doch wurde auch dieses zweite prächtige Sagunt von den im fünften Jahrhundert einfallenden Barbaren zerstört, und nur die Ueberreste, wie die des Theaters, wovon wir Figur I. einen Theil im Vordergrunde sehen, sind Zeugen der vormaligen Gröſse. — Unter der nachfolgenden Herrschaft der Gothen wurde Sagunt von neuem, aber weniger schön aufgebauet. Ueberreste dieser Zeit sind wahrscheinlich die der Citadelle (Fig. II.)

RUINES DE L'ANCIENNE VILLE DE SAGONTE.

Dans l'Espagne méridionale, entre Valence et Barcelone est située la ville de Murviédro, près de laquelle se trouvent les Ruines de l'antique *Sagonte*, dont les restes sont représentés sur notre planche Fig. I. et II.

La ville de *Sagonte* est célèbre dans l'antiquité par l'opiniâtreté sans exemple, que les habitans, alliés des Romains, opposèrent, après la première guerre punique, aux Carthaginois, commandés par Annibal. Le siège dura huit mois; et lorsqu'enfin les Carthaginois excités par le désir du pillage qui leur avait été promis, l'emportèrent d'assaut, Annibal n'y trouva à son grand mécontentement que destruction et débris. Aucun Sagontin ne voulut survivre à sa liberté; quiconque n'était pas mort les armes à la main se renferma avec ses proches dans les maisons, où l'on mit le feu, et c'est ainsi qu'ils se livrèrent, eux et leurs objets précieux aux flammes, et moururent libres.

Dans la 2e guerre punique les Romains vengèrent les *Sagontins*, chassèrent les Carthaginois de cette ville, qui n'était encore qu'un monceau de pierres, et la rebâtirent, mais beaucoup plus magnifique qu'elle ne l'avait été. Cependant cette seconde ville de *Sagonte* fut renversée par les Barbares, qui firent des irruptions dans le 5e siècle, et nous ne connaissons son ancienne splendeur que par ses ruines, comme celles du théâtre, dont nous voyons une partie sur le devant, Fig. I. Sagonte fut rebâtie sous la domination des Goths, mais avec moins de magnificence. Il est vraisemblable que les restes, que nous offre la II Fig., sont ceux de la citadelle.

RUINS OF THE ANCIENT CITY OF SAGUNT IN SPAIN.

In the South of Spain, between Valencia and Barcellona, is situated the city of Murviedro, where there are the ruins of ancient *Sagunt*, whose remains we behold in Fig. I. and II. of this table.

The city of *Sagunt* is famous for the Perseverance beyond all example with which the inhabitants, the allies to the Romans, defended themselves against the Carthaginians under the conduct of Hannibal after the first war with the above mentioned nation. The Carthaginians after a siege of eight months having at length taken the city by assault, and the rapacious soldiers being permitted by Hannibal to plunder it thoroughly he was astonished at finding nothing but destruction and ruins. The inhabitants of Sagunt had rather die than survive the fall of their liberty; those, that had not fallen gloriously in figthing, locked themselves up with their relations in the houses which were set on fire, thus delivering themselves as free citizens to the flames with their precious Effects. The Romans vindicated the Saguntines in the second war with the Carthaginians by expelling them from amidst the ruins of the demolished city, which they rebuilt more magnificently than before, and yet *Sagunt*, a second time restored to all its splendour, was again destroyed by the Barbarians during their invasion in the fifth century, the only evidences of its former grandeur being the remains, particularly those of the theatre, part of which we behold in Fig I. in the fore-ground. Under the succeding dominion of the Goths Sagunt was rebuilt once more but with less beauty. The remains of that time are probably those of the citadel. (Fig. II.)

ROVINE DELL'ANTICA CITTÀ DI SAGUNT IN ISPAGNA.

Nella Spagna meridionale, tra Valencia e Barcellona è situata la città di Murviedro, dove ritrovansi le rovine di *Sagunt*, onde gli avanzi si vedono in Fig. I. e II di questa tavola.

La città di *Sagunt* è famosa nell' antichità per la pertinacia senza esempj colla quale gli abitanti, alleati de' Romani, si difesero contro i Cartaginesi sotto la condotta d'Annibale dopo la prima guerra punica. I Cartaginesi dopo un' assedio di otto mesi avendo finalmente presa la città d'assalto, Annibale, che aveva conceduta a' soldati rapaci la facoltà di saccheggiarla tutta intiera, restò sorpreso nel vedere dappertutto la distruzione e le rovine. Gli abitanti di *Sagunt* vollero piuttosto morire che sopravivere alla caduta della libertà; coloro che non erano caduti gloriosamente combattendo si serrarono co' loro congiunti dentro alle case che vennero messe a fuoco, in tal guisa esponendosi alle fiamme come liberi cittadini insieme colle loro cose preziose.

I Romani vendicarono i Saguntini nella seconda guerra punica col discacciare i Cartaginesi dalle rovine della città che da loro fà riedificata con maggior pompa; ma tuttavia questa città, un' altra volta restaurata in tutto 'l suo splendore, venne distrutta di nuovo da' Barbari durante la lor invasione nel secolo quinto, i soli testimonj della sua grandezza passata essendo gli avanzi, principalmente quegli del teatro che si vedono in Fig. I. nella parte dinnanzi. Sotto il dominio succedente de' Goti la città di Sagunt venne rialzata; ma con minor bellezza. Gli avanzi di quel tempo sono probabilmente quegli del castello. (Fig. II).

I.

II.

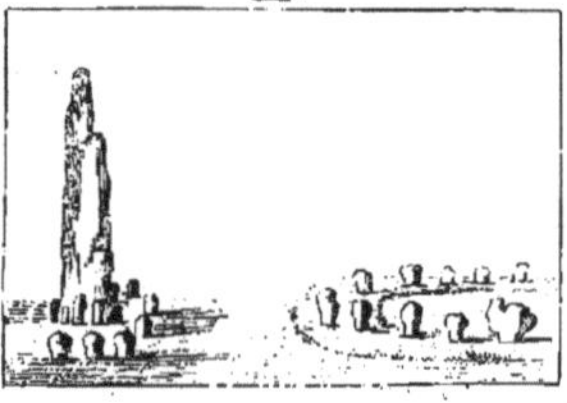

DIE CELTISCHEN MONUMENTE VON CARNAC.

Im westlichen Frankreich, nahe der Burg *Carnac* im *Departement de Morbihan*, trift man längs dem Ufer des Meeres, in einer traurigen verlassenen Dünen-Gegend folgende merkwürdige Monumente der Vorzeit an, welche noch von den alten Bewohnern dieses Theils von Gallien, den *Celten*, herrühren. — In dieser flachen, sandigen, von allen Felsenmassen entblöſsten Gegend trift der Wanderer nämlich auf rohe Felsblöcke, welche ohne Grund-Basis bloſs durch ihr eigenes Gewicht ruhend, auf eine kühne Weise durch Menschenhände müſsen errichtet worden seyn. — Noch bis jetzt zählt man gegen 4000 solcher perpendiculär stehenden Felsblöcke, deren Bedeutung uns nicht mehr ganz klar ist, die sich aber höchst wahrscheinlich auf die religiösen Gebräuche jenes alten Volksstammes beziehen. Noch mehrere Beziehungen auf gewisse Kentnisse scheinen die Stein-Gruppen (Fig. II.) zu haben; vielleicht daſs sie Beobachtungen des gestirnten Himmels enthielten.

LES MONUMENS CELTIQUES DE CARNAC.

On voit dans la France occidentale, près du château de *Carnac*, *Département du Morbihan*, le long des côtes, dans une contrée déserte, pleine de dunes, les monumens remarquables de l'antiquité ci-joints, ouvrages des *Celtes*, anciens habitans de cette partie des Gaules. Le voyageur rencontre dans cette contrée unie, sabloneuse et dépourvue de toute masse de rocher, des blocs de roc bruts, qui, sans base solide et ne se soutenant que par leur propre équilibre, doivent avoir été placés par la main hardie des hommes. On compte encore de nos jours près de 4000 de ces blocs de rochers perpendiculaires. Quoique nous ne puissions pas en expliquer clairement l'usage, il est pourtant vraisemblable qu'ils ont rapport aux cérémonies religieuses de cette antique nation. Les groupes de pierres, que nous voyons (Fig. II.), paraissent avoir une liaison plus rapprochée avec certaines connaissances; il se peut qu'elles marquassent des observations astronomiques.

CELTICK MONUMENTS OF CARNAC.

In the western parts of France, near the castle of *Carnac*, in the department of *Morbihan*, along the sea-shore, in a mournful desert of downs, there are found the following remarkable monuments of antiquity, deriving from the Celts, who anciently inhabited that part of Gallia. In those sandy plains, wholly destitute of rocks, the traveller meets with rough blocks of stone, which, being supported only by their own weight without a basis, are supposed to have been erected by human efforts in a very bold manner. The number of these blocks of stone, which arise perpendicularly, still amounts to 4000, the use of which proves difficult to be explained, though, most propably, they refer to the religious customs of that ancient people. The groupes of stone which we see (Fig. II.) seem to be still more nearly related to certain sciences, containing perhaps observations on the starry sky.

MONUMENTI DE' CELTI DI CARNAC.

Nella Francia occidentale, presso il castello di *Carnac*, nel Dipartimento di *Morbihan*, lungo la spiaggia, in un diserto pieno di dune, si ritrovano i seguenti rimarchevoli monumenti dell' antichità che derivano da' Celti, i quali anticamente abitarono quella parte di Gallia. In quelle pianure arenose del tutto prive di rocche il viaggiatore s'incontra in rozzi ceppi dirupati, i quali, non essendo sostenuti che dal proprio peso senza base veruna, probabilmente sono stati eretti da mani d'uomini in maniera assai baldanzosa. Tuttora si contano 4000 così fatti ceppi dirupati che s'alzano perpendicolarmente, il cui uso riesce difficile ad essere spiegato; ma secondo tutte le apparenze essi si riferiscono a' costumi religiosi di quel popolo antico. Pare che i gruppi di pietre (Fig. II.) abbiano un rapporto più stretto a certe scienze, contenenti forse delle osservazioni sul cielo stellato.

Verm: Gegenst: CXXIX. Melanges. CXXIX. Misc. Subj. CXXIX. Miscellanea. CXXIX.

ANSICHT DES GROSSEN PLATZES DER STADT MEXIKO IN AMERIKA.

An der Stelle der heutigen Stadt *Mexiko*, welche nach Eroberung jenes Landstriches der neuen Welt von den Spaniern gebaut wurde, lag in früheren Zeiten die Stadt *Tenochtitlan*, die Residenz eigener Könige der alten Einwohner. Nach einer hartnäckigen Belagerung wurde im J. 1521 diese Stadt von den Spaniern eingenommen, gänzlich zerstört, und *Cortez*, der Spanische Heerführer, liefs auf europäische Art eine neue Stadt *Mexiko* anlegen, welche jetzt an 140,000 Einwohner zählt, und an Schönheit den berühmtesten Städten in Europa nicht nachsteht.

Wir sehen hier den grofsen Platz (*la plaza major*) abgebildet, auf dem sonst der grofse Tempel des *Mexitili*, oder des Kriegsgottes der Ureinwohner des nachher so benannten Amerika's stand.

Jetzt ziert diesen Platz die prächtige Statue zu Pferde des Spanischen Königs *Carl IV.*, welche von einem geschickten Spanischen Künstler, Don *Manuel Dolsa* in *Mexiko* von Metall ausgeführt, und im Jahre 1803 errichtet wurde. Der Platz um die Statue ist mit Porphyr-Quadern gepflastert, mit einem Geländer eingefafst, und durch vier Thore verschlossen. Hinter dem Hauptplatze im Mittelpunkte unserer Abbildung sehen wir die prächtige Hauptkirche (2), von der ein Theil (3) noch ganz im moreskischen oder maurischen Style erbaut ist. Links von der Hauptkirche sieht man den einfach gebauten Pallast (1), den Wohnsitz des Vicekönigs von *Neu-Spanien*.

VUE DE LA GRAND PLACE DE LA VILLE DE MEXICO EN AMÉRIQUE.

La ville de *Mexico*, fut bâtie par les Espagnols, après qu'ils eurent conquis cette partie du nouveau monde, sur la place qu'occupoit auparavant la ville de *Tenochtitlan*, résidence des Caciques des premiers habitants. Les Espagnols s'en étant emparés en 1521 après un siège très-opiniâtre, la détruisirent de fond en comble, et *Cortès*, général espagnol, fit bâtir à l'Européenne *Mexico*, dont la population s'élève de nos jours à 140,000 habitants, et qui ne le cède, pour la beauté et la magnificence, à aucune des plus célèbres villes de l'Europe.

Cette planche nous représente la grande place, (*la place mayor*) sur laquelle se trouvoit autrefois le temple de *Mexitili*, ou du dieu de la guerre des premiers habitants de l'Amérique.

Cette place est ornée maintenant d'une superbe statue équestre de *Charles IV.*, roi d'Espagne. Elle a été faite à *Mexique* par Don *Manuel Dolsa*, célèbre artiste espagnol, et érigée en 1803. L'endroit, où se trouve la statue, est pavé en dalles de porphyre; il est ceint d'une balustrade, et fermé par quatre portes. Derrière la grande place, au centre de notre planche, s'élève la superbe Cathédrale (2), dont une partie (3) est encore construite, dans le style moresque. À gauche de la cathédrale, on voit le Palais (1), d'une architecture simple, séjour du vice-roi de la Nouvelle Espagne.

VIEW OF THE GREAT SQUARE OF THE CITY OF MEXICO IN AMERICA.

In the place of the present city of *Mexico*, which has been built by the Spaniards after the conquest of that country of the new world, anciently was situated the city of *Tenochtitlan*, the residence of proper kings of the ancient inhabitants. This city having been taken by the Spaniards and wholly destroyed, after a perseverant siege in 1521, *Cortez*, the leader of the spanish army, ordered a new city of *Mexico* to be founded after the european fashion, which contains about 140,000 inhabitants, not being inferior to any one of the most celebrated cities of Europe.

We behold here represented the great square (*la plaza major*) where in former times stood the great temple of *Mexitili*, or the God of war of the primitive inhabitants of America afterwards thus called.

Now-a-days this place is adorned with the magnificent equestrian statue of *Charles IV.*, King of Spain, constructed of metal by the celebrated spanish artist Don *Manuel Dolsa*, and reared in *Mexico* in 1203. The place round the statue is paved with free-stones of porphyry, surrounded by a balustrade and locked up with four gates. Behind the principal place in the center of our figure we behold the stately cathedral church (2), part of which (3) is entirely built in the moresk style. On the left of the cathedral church we view the palace simply built, which is the seat of the Viceroy of new Spain.

VISTA DELLA GRAN PIAZZA DELLA CITTA DEL MESSICO IN AMERICA.

Nel luogo della presente città del *Messico*, fabbricata dagli Spagnuoli dopo la conquista di quel paese del nuovo mondo, fu situata ne' tempi passati la città di *Tenochtitlan*, residenza de' propri Rè degli antichi abitanti. Questa città essendo stata presa dagli Spagnuoli e totalmente distrutta, dopo un' ostinato assedio nel 1521, *Cortez*, capo dell' esercito spagnuolo, fece fondare alla europea una nuova città del *Messico* che contiene incirca 140,000 abitanti, non essendo essa inferiore alle più rinomate città d' Europa.

Vediamo qui rappresentata la piazza maggiore (*la plaza major*) dove già stava il gran tempio di *Messitili*, ossia Dio della guerra, degli abitanti primitivi dell' America poi così detta.

Oggidì questa piazza è adorna della pomposa statua equestre di *Carlo IV.*, Rè di Spagna, costrutta di metallo dall' ingegnoso artista spagnuolo Don *Manuel Dolsa*, ed eretto nel *Messico* nel 1203. La piazza attorno alla statua è lastricata di pietre quadrate di porfido, circondata da una balustrada e serrata con quattro porte. Dietro alla piazza principale nel centro della nostra figura vediamo la magnifica chiesa cattedrale (2) onde l'una parte è fabbricata interamente alla moresca (3). A sinistra della chiesa cattedrale si scorge il palazzo semplicemente costrutto ch' è la sede del Vicerè della nuova Spagna.

DER BRUNNEN TOP - HANÉ ZU CONSTANTINOPEL.

Dieser merkwürdige und prächtige Brunnen liegt in *Top-Hané*, einer der Vorstädte von Constantinopel, wovon er auch den Namen hat, und wurde in neuerer Zeit zum ersten Male von dem teutschen Künstler *Melling*, welcher Baumeister der Sultanin *Hadidge* war, abgebildet, da die misstrauischen Türken selten gestatten, dass man etwas von ihren öffentlichen Gebäuden abbilden darf. Dieses Monument ist merkwürdig, weil es einen deutlichen Begriff von der Bauart und Verzierungskunst der Muhamedaner giebt. Sultan *Mahmoud* liess diesen Brunnen im J. 1733 als Werk der Wohlthätigkeit bauen, um diesen Theil von Constantinopel mit gutem Trinkwasser, so wie mit einem Orte, um die bei den Türken üblichen religiösen Abwaschungen verrichten zu können, zu versehen. Der untere Theil des Gebäudes ist mit weissem Marmor bekleidet, dessen Oberfläche auf das zierlichste mit bunten und vergoldeten Schnörkeln, Zierrathen und Sprüchen aus dem *Koran*, dem heiligen Buche der Türken, bemalt sind. Doch sind keine Abbildungen von Menschen und Thieren darunter, welches nach dem türkischen Glauben verboten ist. Ueber dem unteren Theile des Gebäudes, welcher 25 Fuss in das Gevierte, und an jeder der vier Seiten einen Brunnen hat, ragt ein 16 Fuss breiter Schirm hervor, welcher den angenehmsten Schatten giebt. Ein gewölbtes Dach, mit 16 Thürmchen verziert, endigt das Ganze auf eine zierliche Weise. An dem Brunnen sehen wir Türken mit ihren heiligen Abwaschungen beschäftigt; daneben eine Gruppe türkischer Weiber. Im Vordergrunde fährt eine türkische, allenthalben mit Gitterfenstern versehene Kutsche, worin die Frauen der Türken ihre Spazierfahrten halten.

LA FONTAINE DE TOP-HANÉ À CONSTANTINOPLE.

Cette superbe Fontaine est située dans un des faux-bourgs de Constantinople, nommé *Top-Hané*, dont elle porte le nom. Elle a été dessinée de nos jours pour la première fois, par Mr. *Melling*, artiste allemand, architecte de la sultane *Hadidge*, parceque les Turcs n'accordent que rarement la permission de peindre leurs édifices publics. Ce monument est digne de notre attention, vu qu'il nous donne une idée claire et distincte de l'architecture mahométane, et des ornemens dont ils la décorent. Ce fut par bienfaisance que le Sultan *Mahomet* fit construire cette Fontaine en 1733, autant pour pourvoir d'eau potable les habitans de ce quartier de Constantinople, que pour leur procurer un endroit propre aux ablutions religieuses, usitées parmi les Turcs. La partie inférieure de l'édifice est incrustée de marbre blanc, dont la surface est recouverte avec beaucoup de goût d'ornemens dorés et en couleur et de passages du *Coran*, qui est le livre saint des Turcs. La religion turque interdit les images des hommes et des animaux, aussi n'y en trouve-t-on point. Sur la partie inférieure de l'édifice, laquelle a 25 pieds de haut en quarré, et une fontaine de chaque côté, repose un balcon de 16 pieds de large, qui procure l'ombrage le plus frais. Un toit en voute, orné de seize petites tours, couronne le tout le plus élégamment du monde. Nous voyons à la fontaine des Turcs occupés de leurs ablutions, et à côté un groupe de femmes turques. Sur le devant se trouve une voiture turque pourvue partout de fenêtres treillissées; telles sont celles dont se servent les dames turques pour leurs promenades.

THE FOUNTAIN CALLED TOP-HANÈ AT CONSTANTINOPLE.

This remarkable and magnificent fountain, situated in *Top-Hanè*, one of the suburbs of Constantinople, whence its name derives, has been lately copied for the first time by the german artist *Melling*, architect to the Sultana *Hadidge*, the distrustful Turks seldom permitting something to be copied from their publick buildings. This monument is notable because it gives a perspicuous idea of the style and art of decorating of the Mahometans. The Sultan *Mahmud* caused this fountain to be built in 1733 as a work of beneficence, in order to provide this part of Constantinople with good water as well as with a place for performing the religious washings that are in use among the Turks. The inferior part of the edifice is incrusted with white marble, the surface of which being most elegantly adorned with several gilded volutes, ornaments and sentences of the *Alcoran*, the holy book of the Turks. Notwithstanding there are to be found no figures of men or animals, which is prohibited according to the turkish faith. Above the inferior part of the building, that has 25 feet in square and a spring on each of these four sides, stands out a pentice of 16 feet which gives the most agreeable shade. A vaulted roof adorned with 16 turrets terminates] the whole in an elegant manner. Near the fountain we see some Turks occupied by their holy washings and next to these a group of turkish women. In the fore-ground drives a turkish coach all over furnished with lattice-windows, wherein the women of the Turks take the air.

LA FONTANA CHIAMATA TOP-HANÈ IN COSTANTINOPOLI.

Questa rimarchevole e magnifica fontana, situata in *Top-Hanè*, uno de' sobborghi di Costantinopoli, da cui deriva il suo nome, è stata copiata ne' tempi moderni per la prima volta dall' artista tedesco *Melling*, già architetto della Sultana *Hadidge*, i Turchi sospettosi rade volte permettendo agli stranieri il copiare qualche cosa de' loro edifizi pubblici. Questo monumento è memorabile perocchè ci dà una giusta idea dell' architettura e dell' arte dell' affazzonare di cui si servono i Turchi. Il Sultano *Mahmud* fece fabbricare questa fontana nel 1733 a fine di provvederne questa parte di Costantinopoli d' acqua buona a bere come pure d'un luogo da farvi i lavamenti religiosi usitati fra i Turchi. La parte inferiore dell' edifizio è incrostata di marmo bianco, la cui superficie è leggiadrissimamente adorna di varie volute dorate, di fregi e di sentenze dell' *Alcorano*, ch' è il libro santo de' Turchi. Con tutto ciò non vi si trovano delle figure d'uomini o d'animali, la qual cosa essendo proibita secondo la fede turca. Alla parte inferiore dell' edifizio, che ha 25 piedi quadrati ed un fonte a ciascuno de' quattro lati, soprasta una tettoja che fà il più delizioso rezzo. Un tetto fatto a volta e adorno di 16 torricelle termina il tutto in maniera assai leggiadra. Presso la fontana vediamo alcuni Turchi occupati ne' loro santi lavamenti ed accanto ad essi un gruppo di donne turche. Nella parte d' innanzi corre una carrozza turchesca affatto fornita di finestre ingraticolate, in cui le donne de' Turchi fanno una passeggiata.

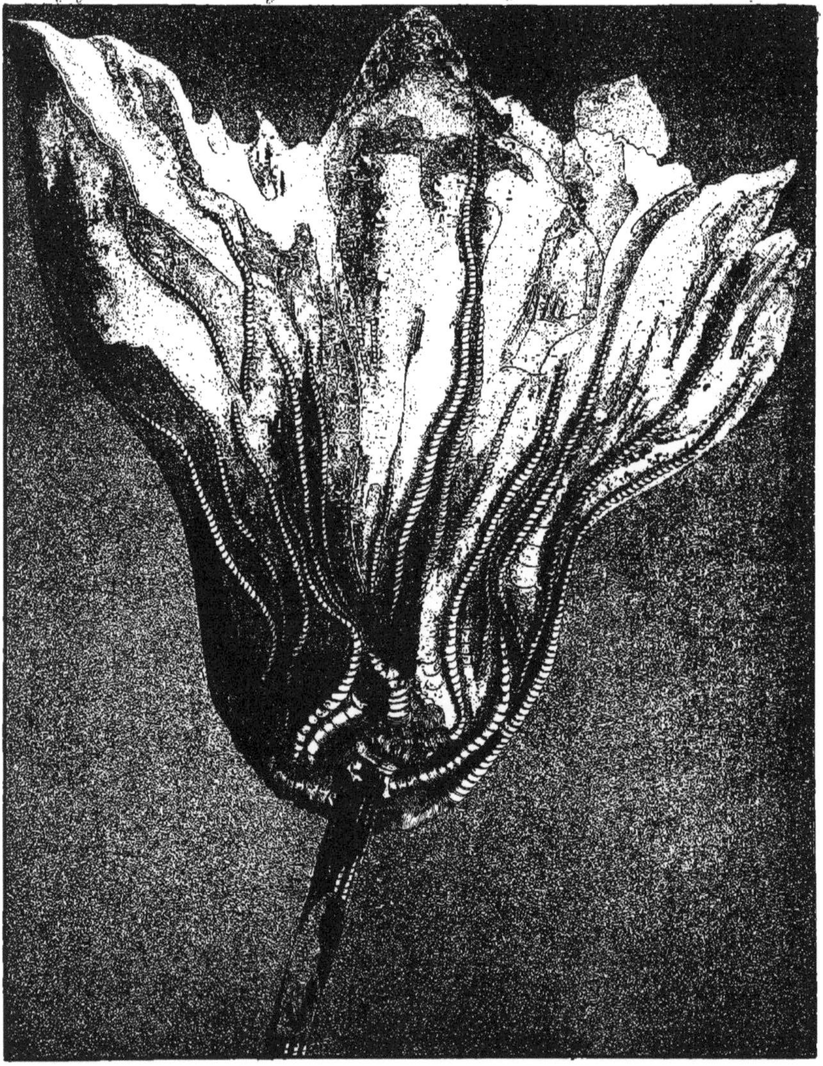

MERKWÜRDIGE VERSTEINERUNGEN.

Versteinerte Medusenpalme, oder Pentacrinit.

(*Pentacrinites Helmintholithus portentosus.* L.)

Pentakriniten sind versteinerte Thierformen aus der Klasse der Zoophyten, oder der sogenannten pflanzenähnlichen Seethiere; sie bestehen aus einem grofsen vielarmigen, quastenförmigen Hauptkörper, welcher auf einem gegliederten, astlosen, mehrere Fufs langen, Stängel aufsitzt. Man kennt zur Zeit kaum erst zwei bis drei Arten von Zoophyten, welche mit den Pentakriniten der Vorwelt nahe verwandt sind, und systematisch zu einerlei Gattung mit demselben gehören, die man *Encrinus* nennt. Die Thiere dieser Gattung halten das Mittel zwischen den korallenartigen Thieren und den Seesternen, und leben stets in den gröfsten Tiefen der Meere, theils in dem heifsen, theils auch in dem kälteren Erdgürtel, wo sie mit ihrem äufserst biegsamen Stängel an den Boden angeheftet festsitzen. Die versteinerten Medusenpalmen werden aber auch in sehr vielen europäischen Ländern im Kalksteine eingeschlossen und verwachsen angetroffen.

PÉTRIFICATIONS REMARQUABLES.

Palmiers marins pétrifiés ou Pentacrinites.

(*Pentacrinites Helmintholithus portentosus.* L.)

Les *Pentacrinites* sont des Polypiers, faisant partie de la classe des Zoophytes, ou des animaux marins-plantes. Leur corps, qui est grand, à plusieurs rameaux et formé en houppe, se trouve situé sur une tige ramifiée et de plusieurs pieds de haut. On ne connoît encore que deux ou trois espèces de Zoophytes, qui approchent des Pentacrinites, et qui par système appartiennent au genre nommé *Encrines*. Les animaux de cette espèce tiennent le milieu entre les animaux qui ressemblent au corail et les étoiles marines. Ils vivent constamment dans les profondeurs des mers en partie sous la zone torride et en partie sous la zone glaciale. Ils s'attachent pas le moyen de leur tige, qui est extrêmement souple, au terrain. On trouve aussi des palmiers marins pétrifiés dans plusieurs contrées de l'Europe, renfermés dans des pierres calcaires, mais défigurés.

REMARKABLE PETRIFICATIONS.

The petrified Sea-Palm or Pentacrinit.

(*Pentacrinites Helmintholithus portentosus.* L.)

Pentacrinits are petrified forms of animals belonging to the class of the Zoophytes or Plant-animals, consisting of a manybranched and tufty substance that sticks to a membered and branchless stalk of several feet in length. For the present we know but two or three species of Zoophytes which are nearly related to the Pentacrinits of antiquity, belonging systematically to the same genus called *Encrinus*. The animals of this order keep the midst between the coralloid animals and the Sea-stars, living always under the profoundest gulfs of the sea, partly in the torrid zone, partly in colder regions, where by way of their flexible stalks they adhere close to the ground. In many countries of Europe the petrified sea-palms are to be found enclosed and vanished by growing in the lime-stones.

PETRIFICAZIONI RIMARCHEVOLI.

Palma marina impietrata ossía Pentacrinite.

(*Pentacrinites Helmintholithus portentosus.* L.)

Pentacriniti sono forme d' animali pietrificati della classe degli Zoofiti ossiano piantanimali marini. Esse sono composte d' una sostanza grossa, cestuta, con più braccia, che stà attaccata ad uno stelo articolato, senza rami, della lunghezza di più piedi. Finora non si conoscono se non due o tre spezie di zoofiti che hanno una stretta relazione colle Pentacriniti dell' antichità, appartenendo sistematicamente allo stesso genere chiamato *Encrino.* Gli animali di quest' ordine tengono il mezzo tra gli animali a guisa di corallo e le stelle marine, vivendo per sempre nel più profondo de' mari, parte sotto la zona torrida, parte in regioni più fredde, dove stanno fissati al suolo per mezzo de' loro steli flessibilissimi. In molti paesi dell' Europa le palme marine impietrite si rincontrano sparite col crescere dentro alle pietre da calcina.

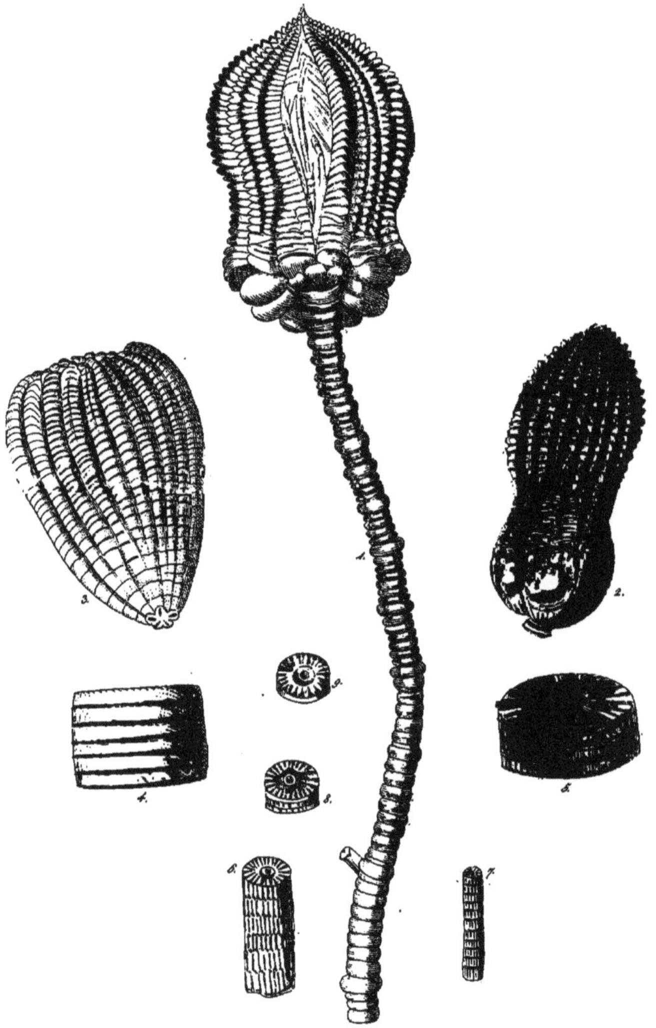
1.
2.
3.
4.
5.
6.
7.
8.
9.

MERKWÜRDIGE VERSTEINERUNGEN.

Versteinerte Seelilien, oder Enkriniten der Vorwelt.

(*Encrinites Helmintholithus. Encrinus.* L.)

Enkriniten oder *Seelilien* sind versteinerte Arten von pflanzenähnlichen Seethieren der Vorwelt, welche der noch jetzt in den Tiefen des Antillischen Meeres lebenden *Seepalme* ähneln, aber nicht völlig gleichen; jedoch wahrscheinlich zu derselben Gattung *Encrinus* gehört haben. Unsere Tafel zeigt bei Fig. 1. eine vielarmige geschlossene Seelilie mit dem vielgliederigen Stängel, mit welchem der Zoophyt auf dem Boden des Meeresbettes im Leben fest safs. Fig. 2. ist eine vielarmige Seelilie ohne Stängel, beide mit runden Stängelgliedern. Fig. 3. stellt den geschlossenen feigenförmigen Hauptkörper einer anderen Art von Seelilien dar, deren Stängelglieder fünfeckig sind, wie die Basis zeigt, die auf dem Stängel aufgesessen hat. Die übrigen Figuren sind theils einzelne Stängelglieder von Seelilien, die man im gemeinen Leben verschiedentlich benennt, z. B. Rädersteinchen, Trochiten, Sternsteinchen, Bonifacius-Pfennige etc., theils sind es, wie 6. und 7., säulenförmige Stücke, von solchen Stängeln, die aus mehreren über einander gesetzten Gliedern bestehen, und gemeiniglich Säulensteinchen, Sternsäulensteine, Entrochiten genannt werden. Die versteinerten Seelilien, besonders aber deren Theile liegen in vielen teutschen und fremden Ländern in verschiedenen Kalksteinarten.

PÉTRIFICATIONS REMARQUABLES.

Lis marins pétrifiés ou Encrinites.

(*Encrinites Helmintholithus. Encrinus.* L.)

Les *Encrinites*, ou *Lis marins*, sont un genre de polypiers libres, qui ont quelque ressemblance avec le palmier marin, qui se trouve encore de nos jours dans les abymes de la mer des Antilles. Quoique cette ressemblance ne soit pas parfaite, il est vraisemblable qu'il a appartenu à ce genre d'*Encrines*. Notre planche représente, Fig. 1. un lis marin fermé, à plusieurs rameaux, avec sa tige également ramifiée, par laquelle le zoophyte en vie tenoit au fond de la mer. La seconde figure représente un lis marin sans tige, à plusieurs rameaux, garni de tubes polypifères, et la troisième le corps principal d'une autre espèce de lis marin en forme de figuier, dont les rameaux sont pentagones, comme le prouve la base, qui a reposé sur la tige. Les autres figures sont en partie des articulations séparées de lis marin aux quelles on donne dans la vie commune différentes dénominations, p. e. celles d'entroques, de trochites, ou pierres étoilées, liards de Boniface etc.; en partie ce sont des pièces en forme de colonne, des tiges formées de plusieurs articulations placées les unes sur les autres, que l'on nomme pierres à colonnes et entrochites. Les lis marins pétrifiés, et surtout quelques unes de leurs parties, se trouvent dans diverses pierres calcaires de l'Allemagne et de plusieurs pays étrangers.

REMARKABLE PETRIFICATIONS.

Petrified Sea-Lilies or Encrinits of Antiquity.

(*Encrinites Helmintholithus. Encrinus* L.)

Encrinits or *Sea-lilies* are petrified kinds of plant-animals of former ages, looking in some manner like the sea-palm, still living in the profundities of the sea of the Antilles, and probably belonging to the same genus *Encrinus.* Fig. 1. exhibits a sea-lily, many-branched and closed, with the stalk of many articles, by way of which the living zoophyte kept close to the bottom of the sea. Fig. 2. is an *Encrinit* of many arms, without a stalk, both of them being provided with round joints. Fig. 3. shews the closed main-body, formed like a fig, of an other kind of *Encrinits*, whose joints are pentagonal, as the basis exhibits, that stuck to the stalk. The other figures are partly single joints of sea-lilies, which are commonly called by several names, viz: St. Cuthbert's beads, trochytes, astroites etc., partly they are pieces, formed like a pillar, of such stalks consisting of many articles that rise one above another (6. 7.) being usually called *Entrochites*, star-stones. In many regions of Germany and of other foreign countries the petrified Encrinits are met with in several kinds of lime-stones.

PETRIFICAZIONI NOTABILI.

Gigli marini pietrificati o Encriniti dell' antichità.

(*Encrinites Helmintholithus. Encrinus* L.)

Encriniti o *Gigli marini* sono spezie pietrificate di piant-animali marini dell' antichità che hanno qualche somiglianza colla palma marina tuttora vivendo ne' profondi del mare delle Antille e che probabilmente appartenevano allo stesso genere *Encrino*. Fig. 1. di questa tavola fà vedere un giglio marino chiuso, con più braccia insieme collo stelo diviso in molti articoli, mediante il quale il zoofito vivo s' appiccava al fondo del mare. Fig. 2. è un giglio marino, senza stelo, con più braccia, entrambi essendo forniti d' internodi rotondi. Fig. 3. rappresenta la sostanza chiusa, a forma di fico, d' un' altra spezie d' *Encriniti*, i cui internodi sono pentagoni, siccome mostra la base, che stava attaccata allo stelo. Le altre figure parte sono singoli internodi d' *Encriniti* che si chiamano volgarmente per diversi nomi, p. e. trochiti, pietre stellarie, astroiti etc. etc., parte sono pezzi, a guisa di colonna, di così fatti steli (6. 7.) composti di più giunture che s'alzano l'una sovra l'altra, chiamandosi comunemente asterie, pietre stellarie, entrochiti. In molte regioni della Germania è d' altri paesi i gigli marini pietrificati si rincontrano racchiuse dentro a diverse spezie di pietre da calcina.

Fig. 2.
Fig. 1.

ARZNEI - PFLANZEN.

Fig. 1. Der gemeine Alant.

(*Inula Helenium.* L.)

Der *gemeine* oder *wahre* Alant ist ein nützliches Gewächs, welches in mehreren Theilen von Europa, auch hie und da in Teutschland wild wächst, seines Nutzens wegen aber auch auf Aeckern, so wie zur Zierde in den Gärten gebauet wird. Die langen dicken Wurzeln haben einen starken bitterlichen Geschmack, und werden theils getrocknet, theils in mancherlei Auflösungen als gutes Arzneimittel gebraucht; auch bereitet man daraus einen gesunden *Alant Wein* und *Alant-Bier.* Vermischt mit Pottasche und Heidelbeeren giebt die Wurzel eine blaue Farbe. Aus der Wurzel treibt ein 3 bis 4 Fuſs hoher Stängel mit langen ausgezackten Blättern, an dessen Spitze im Julius und August die gelben sternförmigen und geruchlosen Blüten zum Vorschein kommen.

Fig. 2. Das gemeine Seifenkraut.

(*Saponaria officinalis.* L.)

Diese 2 bis 3 Fuſs hohe Pflanze, welche in Teutschland an Wegen und Hecken wild wächst, und in den Sommermonaten röthlichweiſs blühet, ist gleichfalls heilsam. Die Blätter, so wie die Wurzeln, haben seifenhafte auflösende Bestandtheile, deren Nutzen in mancherlei Krankheiten erprobt gefunden wurde. — Zur Zierde verpflanzte man sie in die Gärten, wo durch die Cultur eine Abänderung mit groſsen gefüllten Blumenbüscheln gezogen wurde.

PLANTES MÉDICINALES.

Fig. 1. L'Énule campane, ou l'Aunée.

(*Inula Helenium.* L.)

L'*énule campane* ou l'*aunée* est une plante salutaire qui croît sans culture dans plusieurs parties de l'Europe, et même en quelques endroits de l'Allemagne; cependant on la cultive dans les jardins à cause de son utilité et de sa beauté. Les racines, qui sont longues, épaisses et d'un goût amer sont en partie séchées et en partie employées dans plusieurs décoctions, comme un très-bon remède; on en mêt même dans de la bière et du vin, ce qui en fait une boisson très-saine. Mêlée avec de la potasse et des myrtilles, la racine produit une couleur bleue. De cette racine sort une tige de trois à quatre pieds de haut avec des feuilles longues, crenelées, et dont la pointe porte aux mois de juillet et d'août des fleurs jaunes, étoilées et sans odeur.

Fig. 2. La Saponnaire officinale.

(*Saponaria officinalis.* L.)

Cette plante de deux à trois pieds de haut, qui croît en Allemagne sur les chemins et le long des buissons, qui fleurit en été, et dont la fleur est d'un rouge pâle, est également médicinale. Les feuilles et les racines contiennent des substances savonneuses dissolvantes, dont l'utilité s'est avérée dans plusieurs maladies. On l'a transplantée dans les jardins, et par la culture il s'en est formé une seconde espèce à grosses touffes de fleurs.

MEDICAMÉNTAL PLANTS.

Fig. 1. The common Elecampane.

(*Inula Helenium.* L.)

The *common* or *genuine Elecampane* is an useful plant, which grows wild in several parts of Europe and in some regions of Germany, being cultivated on fields for its utility as also in gardens for ornament. The long and thick roots, that have a strong and bitter taste, are partly dried, partly employed in medicine in several dissolutions. They likewise form thereof a salutary wine and beer of the same name. The root, mixed with pot-ashes and bill-berries, produces a blue colour. From the root issues a stalk, of 3 in 4 feet in height, furnished with large and dented leaves, at the top of which, in the months of July and August, appear the yellow and scentless flowers formed like a star.

Fig. 2. The common Soapwort.

(*Saponaria officinalis.* L.)

This salutary plant, 2 in 3 feet high, that grows uncultivated in Germany along the roads and in hedges, bears white blossoms inclining to red, during the summer-months. The leaves as well as the root have soapy and solutive principles that offer an approved remedy against many diseases. For ornament it has been transplanted in the gardens, where by way of culture a variation of it has been produced with clusters of double flowers.

PIANTE MEDICINALI.

Fig. 1. L'Elenio comune.

(*Inula Helenium.* L.)

L'*Elenio comune* ossia *genuino* è una pianta utilissima, che cresce salvatica in più parti dell' Europa come pure in alcune regioni della Germania, coltivandosi ne' campi per la sua utilità e ne' giardini per ornamento. Le radici lunghe e grosse, che hanno un sapore forte ed amariccio, parte si seccano parte si adoperano in medicina in differenti dissoluzioni. Sene forma altresì un salubre vino e birra che ne traggono il nome. La radice, mescolata colla soda e colle coccole della mortella, somministra un colore turchino. Dalla radice sorte uno stelo, dell' altezza di 3 in 4 piedi, a foglie merlate, alla cui cima, ne' mesi di Luglio e d'Agosto, compariscono fiori gialli, a guisa di stella, senz' odore.

Fig. 2. La Saponaria comune.

(*Saponaria officinalis.* L.)

Questa pianta salutifera, alta 2 in 3 piedi, cresce selvaggia nella Germania, lungo le strade e nelle siepi, producendo durante l'estate fiori bianchi che danno nel rosso. Le foglie e la radice hanno principi saponacei e dissolutivi che somministrano un remedio provato contra molte malattie. Essa è stata traspiantata ne' giardini per ornamento, dove col mezzo della coltura n'è stata prodotta una variazione a ciocche di fiori doppi.

DER MORAI ODER BEGRÄBNISS-PLATZ AUF DER INSEL NUKAHIWAH IM SÜD-MEERE.

In dem grofsen Süd-Meere findet man unter andern eine Inselgruppe, welche im J. 1595 zuerst entdeckt wurde, und unter dem Namen der *Marquesas*- oder *Mendoza-Inseln* bekannt sind. Unter den nördlichen derselben liegt auch die Insel *Nukahiwah*, die wir durch die neueste Russische Entdeckungsreise um die Welt, welche der Capitain *v. Krusenstern* leitete, näher haben kennen lernen. Die Einwohner dieses Eilandes sind von schönem, gesunden, starken Körperbau, fleischfarben, fast wie die Europäer. Den ganzen Körper tättouiren oder zieren sie mit eingestochenen Figuren und Schnörkeln; diese in das Fleisch eingestochenen Zeichnungen reiben sie dann mit einer schwarzblauen Erde ein, wodurch sie nie wieder verschwinden. Die Gemüthsart dieser Südsee-Insulaner ist nichts weniger als sanft; im Gegentheile, sie sind tückisch und rachsüchtig, und verzehren selbst ihre gefangenen Feinde. — Aufser einer schmalen Leibbinde gehen sie ganz nackend; ihre Wohnungen sind blofse Hütten von Bambusrohr. Die Todten begraben sie nach vielen und langen Ceremonien auf ihren Morais oder Begräbnifsplätzen, deren jede Familie einen besonderen hat. Die Russischen Weltumsegler erhielten die Erlaubnifs, einen solchen *Morai* zu besuchen; die Abbildung davon sehen wir hier. Dieser *Morai* lag in einer romantischen Gegend auf einem Berge; in einem Sarge war eine Leiche aufgestellt. Aufserhalb standen einige in Holz geschnitzte unförmliche Götzenbilder; daneben Säulen von Kokosblättern, mit weifsem Baumwollenzeuche umgeben, welches alles sich auf religiöse Gebräuche bezog.

LE MORAI OU CIMETIERE DES HABITANS DE L'ILE DE NUKAHIVAH DANS LA MER DU SUD.

On trouve dans la grande mer du Sud un groupe de plusieurs îles, qui n'ont été découvertes qu'en 1595, et qui sont connues sous le nom des *Marqueses* ou d'*îles de Mendoze*. Parmi celles qui sont au nord est située l'île de *Nukahivah*, sur la quelle nous avons des renseignemens plus particuliers, grâces au dernier voyage autour du monde, entrepris par les Russes sous la direction du Capitaine *de Krusenstern*. Les habitans de cette île sont sains, beaux, robustes et presque de la même couleur que les Européens. Ils tatouent tout leur corps ou le bariolent avec des figures imprégnées dans la peau, et ils frottent ces bariolures avec une terre d'un brun noir, ce qui fait qu'elles ne disparoissent jamais. Ces insulaires, loin d'être d'un caractère doux, sont malins, vindicatifs et dévorent même leurs prisonniers. — Ils sont nus à l'exception d'une ceinture fort étroite. Leurs habitations ne sont que des cabanes faites de cannes de bambou. Quant aux morts, ils les enterrent après des cérémonies longues et multipliées dans leurs *Morais*, et chaque famille en a un particulier. Les voyageurs russes obtinrent la permission de visiter un de ces *Morais*, et c'est à eux que nous en devons la planche suivante. Il étoit sur une montagne, dans une contrée très-pittoresque; ils y virent un cadavre placé dans un cercueil. Endehors, ils aperçurent des idoles informes ciselées en bois, à coté, des colonnes de feuilles de coco, entourées d'une étoffe blanche de coton; tout ceci avoit rapport à des usages religieux.

THE MORAI, OR BURYING-PLACE, OF THE ISLE NUKAHIWAH IN THE SOUTH-SEA.

In the South-sea is to be found a group of isles, first discovered in 1595 and known under the name of isles of *Marquesa* or *Mendoza*. Amongst the northern ones is also situated the isle of *Nukahiwah*, with which we more nearly became acquainted by means of the last voyage round the world, undertaken by the Russians for discovery's sake, under the guidance of the Captain *of Krusenstern*. The inhabitants of this island are well-shaped, healthy, and of a vigorous constitution; their carnation resembles that of the Europeans. They adorn the whole body with pricked figures, which they rub into the flesh with a dark-blue earth, whence they never vanish. These islanders of the South-sea are not in the least of a sweet temper; on the contrary they are malicious and vindictive in such a manner that they devour their captivated enemies. Except a small scarf, they are stark-naked. Their habitations are only cottages composed of bamboo-reed. After many ceremonies they commit the dead to their burying-places, or *Morais*, whereof every family has a particular one. The Russians, who circumnavigated the world, obtained the permission of visiting such a *Morai*, the image of which we view in the annexed table. This *Morai* was situated in a romantic region, on a hill; in a coffin was exposed a corpse. Outwardly stood some deformed idols carved in wood; close to these they beheld pillars, consisting of cocoa-leaves, and environed by stuffs of white cotton. The whole referred to religious customs.

IL MORAI, OSSIA CIMITERO, DELL' ISOLA DI NUCAHIVAH NEL MARE MERIDIONALE.

Nel mare meridionale ritrovasi un gruppo d'isole scoperte la prima volta nel 1595 e note sotto il nome d'isole di *Marquesa*, o di *Mendoza*. Fra le isole settentrionali n'è situata ancora quella di *Nucahivah*, che abbiamo imparato a conoscere più esattamente per via dell' ultimo giro del mondo fatto da' Russi, per iscoprire nuovi paesi, sotto la scorta del Capitano *di Crusenstern*. Gli abitanti di quest' isola sono benfatti, sani e robusti di corpo; la lor carnagione rassomiglia a quella degli Europei. Essi adornano tutto 'l corpo di figure intagliate, che fanno entrare nella carne fregandole con terra turchino-nera, onde più non spariscono. L'indole di quest' isolani del mare meridionale non è punto dolce; essi, al contrario, sono maligni e vendicativi a tal segno che divorano i loro nemici prigionieri. Da una ciarpa stretta infuori essi sono ignudissimi. Le loro abitazioni non sono che capanne composte di canna d'India. Dopo molte cerimonie eglino seppelliscono i morti ne' loro cimeteri, chiamati *Morai*, onde ciascuna famiglia n'ha un particolare. I Russi, facendo il giro del mondo, ottennero la permissione di visitare un così fatto *Morai*, il cui effigiamento vedesi nella tavola presente. Questo cimitero era situato in una regione assai romanzesca, sopra un monte; in una cassa v' era esposto un corpo morto. Al di fuori stavano più idoli deformi, scolpiti in legno; accosto a questi si scorgevano delle colonne, composte di foglie del cocco, e cinte di drappi di bambagia bianca. Tutto ciò si riferiva a costumi religiosi.

1.

2.

PETER'S DES GROSSEN BILDSÄULE ZU PFERD IN PETERSBURG.

Diese hier abgebildete prächtige Bildsäule zu Pferde wurde auf Befehl der Kaiserin *Catharina* II. zum A[illegible]en ihres grofsen Vorfahren in Petersburg auf dem Petersplatze errichtet. Der Kaiser ist dargestellt, wie er in Russischer Kleidung, einen Lorbeerzweig um die Haare gewunden, auf einem muthigen Pferde sitzend, einen Felsen hinansprengt; eine schöne Andeutung, dafs er mit Kraft und Muth in seinem grofsen Regenten-Leben jede Schwierigkeit zu überwinden wufste. Die Figur des Monarchen ist 11 Fufs, das Pferd 17 Fufs, das Fufsgestelle von Granit, gleichfalls 17 Fufs hoch. Die Höhe des ganzen Standbildes 30½ Fufs. Auf beiden Seiten des Felsens steht in russischer und lateinischer Sprache die einfache Inschrift: *Peter dem Ersten, Catharina II.* MDCCLXXXII. Im J. 1782, den 7. August, war unter Paradirung des Militärs die feierliche erste Aufdeckung der ganzen Bildsäule (Fig. 1.), welcher Ceremonie die Kaiserin *Catharina* von dem Balkon des Senats-Pallastes zusah.

Der Granitfelsen, woraus das Fufsgestell aus dem Ganzen gearbeitet worden, lag in einem morastigen Walde bei dem Dorfe *Lachta*, 12 Werste (beinahe 1¾ teutsche Meilen) von Petersburg.

Auf eine sinnreiche Weise transportirte man den Felsen auf Rinnen mit metallenen Kugeln ruhend, vermittelst Erdwinden bis nach Petersburg. Ein Tambour auf der Höhe des Felsens gab die Signale; auch war da eine Feldschmiede errichtet, um den Schaden an den Transportirungs-Maschinen gleich wieder zu ersetzen.

STATUE ÉQUESTRE DE PIERRE LE GRAND À PÉTERSBOURG.

Cette superbe statue équestre fut érigée par ordre de l'Impératrice *Cathérine* II. à Pétersbourg en l'honneur de son illustre prédécesseur sur la place St. Pierre. L'empereur est représenté dans un costume russe, monté sur un cheval fougeux; les cheveux ceints d'une branche de laurier, gravissant une roche; symbole ingénieux de la vigueur et du courage, avec lesquels il a su surmonter toutes sortes de difficultés dans le cours de son glorieux règne. La statue du monarque a 11 pieds de haut, le cheval 17, et le piédestal de granit en a également 17, et la hauteur du monument entier est de 30⅔ pieds. Sur les deux côtés du rocher est gravée en russe et en latin cette inscription si remarquable par sa simplicité: *A Pierre premier, Cathérine seconde.* MDCCLXXXII. Ce fut le 7 août 1782 que l'on découvrit solemnellement pour la première fois la statue entière (Fig. 1.). Le militaire étoit sous les armes, et l'Impératrice, placée sur le balcon du palais du sénat, fut spectatrice de cette cérémonie.

Le rocher de granit dont on a fait le piédestal, étoit dans une forêt marécageuse, près du village de *Lachta* à 12 verstes (presque 1¾ milles d'Allemagne) de Pétersbourg.

On usa d'un expédient très-ingénieux pour transporter le rocher à Pétersbourg; on la plaça sur des courroies pourvues de boules métalliques, et le mit en mouvement avec des vindas. Un tambour posté au sommet du rocher, donnoit les signaux; on avoit aussi établi une forge de campagne, pour réparer sur le champ la dégradation que pouvoit éprouver la machine à transport.

EQUESTRIAN STATUE OF PETER THE GREAT, IN PETERSBURGH.

This magnificent equestrian statue, here represented, has been erected on the Peter's place, in Petersburgh, by the order of *Catharine* II., to the memory of her great predecessor. The Emperor, dressed after the russian fashion, the hair twisted with a laurel-branch, is mounted on a fiery horse, leaping up a rock; a fair allusion to the difficulties he valiantly surmounted during his great government. The figure of the Monarch is 11 foot high, the horse 17 foot, the pedestal of granite likewise 17 foot; the height of the whole statue arrives at 30½ feet. On either side of the rock is engraved the simple inscription, in the russian and latin tongues: *To Peter First*, *Catharine* II. MDCCLXXXII. In the year 1785, August 7. the whole statue was solemnly uncovered for the first time, under the parade of the militia, the Empress *Catharine* looking upon the ceremony from the balcony of the Senate Palace.

The rock of granite, whereof the pedestal is fabricated by the whole, was situated in a marshy forest, near the village of *Lachta*, 12 wersts or russian miles (almost 1¾ german miles) from Petersburgh.

The rock, supported by channels with brazen balls, was transported as far as Petersburgh, in an ingenious manner, by means of windlasses. A drummer, on the summit of the rock, gave the signals; besides there was raised a field-forge, in order to remedy immediately the damaged machines of transport.

STATUA EQUESTRE DI PIETRO IL GRANDE IN PIETROBURGO.

Questa pomposa statua equestre, quì effigiata, è stata innalzata sulla piazza Pietro, in Pietroburgo, d'ordine dell' Imperatrice *Cattarina* II., alla memoria del suo gran predecessore. L'Imperatore, vestito alla russa, la chioma attorcigliata d'un ramo d'alloro, è montato ad un destriere ardito, saltando in sur una rupe; bellissima allusione a tutte le difficoltà da lui valorosamente sormontate durante il suo gran governo. La figura del Monarca è alta 17 piedi, il cavallo 17 piedi, il piedestallo di granito parimente 17 piedi, l'altezza di tutta la statua arriva a 30½ piedi. Da ambedui li lati è scolpita la semplice inscrizione, in russo ed in latino: *A Pietro Primo*, *Cattarina* II. MDCCLXXXII. Nel 1782 il dì 20. Agosto questa statua venne solennemente svelata, per la prima volta, sotto la parata della milizia, l'Imperatrice *Cattarina* stando a vedere questa cerimonia sul balcone del palazzo senatorio.

La rupe di granito, ond' è fabbricato il piedestallo tutto d'un pezzo, era situata in un bosco paludoso, presso il villaggio di *Lachta*, 12 miglia di Russia (incirca 1¾ miglio tedesco) distante da Pietroburgo.

La rupe, sostenuta da canaletti con palle metalline, fù trasportata sino a Pietroburgo, in maniera ingegnosa, per via di argani. Un tamburino, sulla cima della rupe, diede i segnali; inoltre v'era alzata una fucina da campagna, per riparare subito le danneggiate macchine da trasporto.

DER BERNARD'S - TAGFALTER AUS CHINA.

(*Papilio Bernardus.* Fabricii.)

Auf einem abgebildeten Zweige von einer japanischen und chinesischen Pflanze, der japanischen Camellie, zeigt die Tafel einen grofsen, schön gezeichneten, in China und Japan einheimischen, Tagfalter, dessen Vorderflügel von feuerrother Grundfarbe mit gelber Querbinde und schwarzen breiten Randsäumen ausgeschweift, die ebenfalls feuerrothen Hinterflügel aber geschwänzt und mit schwarzen Augenflecken und weifsen Mittelpunkt zierlich geschmückt sind.

Die zweite obere Abbildung des Schmetterlings zeigt bei dem Sitzen in der Ruhe die aufwärts geschlagene Flügelhaltung, und zugleich die Verzierung der Unterseite seiner Flügel. Dieser ausländische Tagfalter gehört zu der Horde der *Augenflügler*, unter welchen in Teutschland jedoch diesen Chinesen keiner an Gröfse und Schönheit des Colorits gleich kommt.

LE PAPILLON BERNARDIN DE LA CHINE.

(*Papilio Bernardus.* Fabricii.)

Notre planche représente placé sur le rameau d'une plante du Japon et de la Chine, nommée Camelli du Japon, un grand papillon très bien tacheté, indigène à la Chine et au Japon. Ses aîles de devant ont un fond couleur de feu, avec des bandes jaunes, et des bords larges et noirs échancrés. Ses aîles de derrière sont également couleur de feu, mais terminées en queue, et embellies de taches noires, au milieu des quelles se trouve un point blanc.

La représentation supérieure nous le montre assis, en état de repos, tenant ses aîles relevées, et met sous nos yeux les ornemens du dessous de ses aîles. Ce papillon étranger appartient à l'espèce des *paons.* Mais aucun de ces derniers en Allemagne n'approche de celui-ci soit pour la grandeur soit pour la beauté du coloris.

FESTOON ORANGE BUTTERFLY OF CHINA.

(*Papilio Bernardus.* Fabricii.)

On a copied branch of a japan and chinese plant, called Japan Rose, we behold a great diurnal Butterfly, fairly designed, that is a native of China and Japan. The prime colour of its fore-wings is fiery red, laciniated with a yellow cross-fascia, and with a large and black border. The hind-wings, likewise fiery red, are tailed, and elegantly spotted with black eyes and white central points.

The upper figure exhibits this Butterfly in the state of repose, with the bearing of its clapt wings, whose inferior side is finely adorned. This exotic Butterfly belongs to the eye-spotted ones, among which, however, there is none in Germany, that equals this chinese Butterfly in the greatness and beauty of the colouring.

PAPILIONE BERNARDO DELLA CINA.

(*Papilio Bernardus.* Fabricii.)

Sopra un ramicello copiato d'una pianta chinese e giaponese, di nome Camellia japonica, vediamo una gran farfalla, leggiadramente segnata, ch'è originaria della Cina e del Giapone. Il colore matrice delle ali anteriori n'è affocato; sono scannellate d'una fascia traversale gialla e d'un largo orlo nero. Le ali posteriori, similmente affocate, sono codute e vagamente macchiate di occhietti neri e di punti centrali bianchi.

La figura superiore fà vedere la farfalla nello stato di riposo, insieme col portamento delle ali piegate al dissopra, il cui lato inferiore è bellamente adorno. Questa farfalla esotica appartiene a quelle ad ali occhiute, fra le quali però non ven'è alcuna in Germania, che uguagli questa farfalla chinese nella grandezza e nella bellezza del colorito.

DIE RUSSISCHE HORN-MUSIK.

Diese im J. 1750 von einem gebornen Böhmen, Namens *Maresch*, in Rufsland erfundene, Musik, hat eine Würde, Pracht, Sanftheit und Fülle des Tons, welche man bei allen bekannten Musikarten, selbst bei der Orgel, vermifst, mit welcher sie jedoch die meiste Aehnlichkeit hat, ja sie ist so einzig in ihrer Art, indem jedes Horn nur einen einzigen Ton hat, dafs eine kurze Beschreibung derselben für Kenner und Nichtkenner der Musik interessant seyn mufs. Vorliegende Kupfertafel giebt schon eine anschauliche Vorstellung davon. Die Gegend stellt einen Wald vor, wo man das kaiserl. russische Jägerkorps, in vier Reihen getheilt, mit ihren Jagdhörnern auf eine Anhöhe hingestellt sieht. In der ersten Reihe steht der Discant, in der zweiten der Alt, in der dritten der Tenor, und in der hintersten der Bafs.

Ein jeder hält in der Hand ein kleines Notenbuch, wovon er kein Auge verwenden darf, um zu gehöriger Zeit seinen Ton anzugeben; er mufs daher genau alle die anderen Stöfse zählen, bis der Einstofs an ihn kommt; denn im richtigen Pausiren besteht seine ganze Kunst, die freilich bei geschwinden Läufern und Trillern nicht leicht ist. In der anderen Hand hält er das messingne oder kupferne Horn.

Vorn vor dem Discante oder der vordersten Reihe steht der Kapellmeister, der die Partitur auf einem Pulte vor sich liegen hat. Er hält einen kleinen Stab in der Hand, womit er nicht den blofsen Takt, sondern jedes Viertel schlägt.

Die Hornmusik ist aus etwa vierzig Personen zusammen gesetzt, von welchen jeder ein oder zwei Hörner hat. Diejenigen Hörner, welche die tiefsten Bafstöne angeben, haben eine Länge von fünf bis sieben Fufs. Dieses Mafs nimmt verhältnifsmäfsig ab, so dafs die kleinsten nur die Länge eines Fufses erreichen.

Man kann nichts rührenderes hören, als einen Choral oder ein Adagio auf diesen Hörnern vorgetragen, und nichts ist lustiger, als ein Allegro darauf blasen zu sehen, wenn ein Musiker mit zwei Hörnern in schnellem Zeitmafse dieselben öfters wechselt.

Zur ersten Abrichtung eines solchen Horn-Virtuosen gehört ungemeine Geduld; jedoch werden die Russen, welche meistentheils viel musikalisches Talent haben, sehr bald taktfest.

MUSIQUE DE COR RUSSE.

Cette musique, qui a été introduite en 1750 en Russie par un bohémien nommé *Maresch*, a une dignité, un éclat, une douceur et une plénitude de sons, que l'on trouve à dire dans toutes les autres espèces, même dans celle de l'orgue, quoique ce soit celle qui en approche le plus. Cette musique est si unique dans son genre, chaque cor n'ayant qu'un ton, que nous croyons rendre service à nos lecteurs, qu'ils sachent la musique ou non, en leur en donnant une description. La planche ci-jointe en donne déjà une idée frappante. La contrée représente une forêt, où l'on voit le corps de chasseurs russe, divisé sur quatre lignes et placé sur une hauteur. A la première ligne se trouve le dessus, à la seconde la haute-contre, à la troisième la taille, et à la quatrième la basse.

Chacun d'eux tient à la main un petit cahier de musique, sur lequel il doit avoir les yeux constamment fixés, pour former son ton à propós; pour cet effet il faut qu'il compte exactement tous les autres mouvemens jusqu'à ce que ce soit à lui d'emboucher; car tout son art consiste à observer fidèlement les pauses, ce qui ne laisse pas d'être difficile dans les roulades et les trills. Il a dans l'autre main un cor de laiton ou de cuivre.

On voit en avant de la première ligne le maître de la chapelle, ayant devant lui sur un pupitre la partition, tenant à la main, une petite baguette, dont il bât non seulement la mesure, mais chaque quart.

Cette musique est composée d'environ quarante personnes, dont chacune a un ou deux cors. Les cors qui forment la basse la plus grave ont de cinq à sept pieds de long. Cette mesure décroît proportionnellement, de sorte que les plus petits n'ont qu'un pied.

On ne saurait entendre rien de plus touchant qu'un plein-chant ou un adagio exécuté sur ces cors, et rien n'est si plaisant que de voir jouer un allégro, lorsqu'un musicien à deux cors est obligé de se servir tantôt de l'un tantôt de l'autre dans des passages rapides.

Il faut une patience infinie pour former un pareil musicien; cependant les Russes, qui pour la plûpart ont beaucoup de talent pour la musique, observent en très-peu de tems la mesure.

RUSSIAN HÖRN-MUSIK.

This Musick, invented in Russia in 1750, by a native Bohemian, called *Maresch*, has such a dignity, grandour, sweetness and plenitude of sounds, as are not to be found in any Musick whatever, even not in the organs, to which, however, it hears the greatest resemblance. This Musick being the more extraordinary because every horn has but one tone, a brief description of it will prove much interesting both to connoisseurs of Musick and to those, who are strangers to it.

The annexed table gives an intuitive representation of it. The region exhibits a forest, where one sees the imperial corps of russian hunters, divided in four files, and placed on an eminence, with their hunting-horns. In the first file stands the treble, in the second the counter-tenor, in the third the tenor, and in the h most the bass.

Every one holds in his hand a little musick-book, upon which he is to fix his eyes steadfastly, in order to give the tone in the very nick of time. He therefore is obliged to count exactly all the other sounds, till it comes to his turn to wind the horn. His whole art, which surely is not easy in allegros and trills, consists in making just stops. In the other hand he has the brazen or copper-horn. In the front, before the treble, or in the first file, stands the Master of the musical chapel, who has placed the partition before him, on a desk. He keeps in his hand a little staff, with which he not only beats the time, but also every fourth.

The basses, on account of their bigness, rest on little pedestals, constructed for that purpose.

The Horn-Musick is composed of about forty persons, every one of whom has one horn or two. Those horns, that give the lowest bass-tones, have 5 in 7 feet in length. This measure diminishes proportionally so that the least ones arrive only to the length of one foot.

There is nothing more touching than to hear a choral-song, or adagio, performed on this instrument; there is nothing more merry than to behold an allegro blown thereupon, when a Musician, with two horns, is often changing them, in a swift time.

Though the instruction of such a Virtuoso requires an extraordinary patience, yet the Russians, who generally have great talents for Musick, very soon become accustomed to observe the time.

MUSICA DE' CORNATORI RUSSI.

Questa Musica, inventata in Russia nel 1750, da *Maresch*, Boemo di nazione, ha una dignità, grandezza, dolcezza e pienezza di suoni, ond' è priva qualunque Musica conosciuta, anchè l'organo, con cui ha la maggiore rassomiglianza. Essendo questa Musica tanto più straordinaria, che ogni corno non ha che un solo tuono, una breve descrizione ne riuscirà interessante ai dilettanti di Musica come pure a coloro che ne sono malpratici.

La tavola aggiunta ne dà una rappresentazione intuitiva. La contrada mostra un bosco, dove, sopra un' eminenza, si vede posto il coro imperiale de' cacciatori russi, divisi in quattro file, co' loro corni da caccia. Nella prima fila stà il soprano, nella seconda il contralto, nella terza il tenore, e nell' ultima il basso.

Ciascuno tiene un libretto di Musica, da cui non gli è lecito di staccare gli occhi, per dare il tuono a tempo. Bisogna dunque ch'egli conti pontualmente tutti gli altri suoni, finchè tocchi a lui di sonare il corno, tutta la di lui arte, che certamente non è facile ne' passaggi allegri e ne' trilli, consistendo nel fare giuste pause. Nell' altra mano egli ha il corno d'ottone o di rame.

Alla fronte, davanti al soprano, o nella fila anteriore stà il maestro di cappella, che ha riposto la partizione sopra un leggio, in faccia sua. Egli tiene un bastoncello, con cui batte non solamente la misura, ma ancora ogni quarta. I bassi, a cagione della loro mole, si reggono su piccoli piedestalli, costrutti a tal fine.

La Musica, che si fà co' corni, è composta incirca di quaranta persone, onde ciascuna tiene un corno o due. Que' corni, che danno i più bassi tuoni, hanno 5 in 7 piedi di lunghezza. Questa misura scema proporzionalmente, di modo che i più piccoli non arrivano che alla lunghezza d'un piede.

Non si può sentire niente di più affettivo ch'un canto fermo, ovvero adagio, accompagnato da questo strumento. Non v'è niente di più giocondo che di vedere sonarvi un' aria allegra, quando un Musico, con due corni, va cambiandoli spesse volte, in tempo presto.

Benchè per addestrare un così fatto Virtuoso si richieda pazienza fuor del comune, tuttavia i Russi, che per lo più hanno gran talenti per la Musica, ben presto abituansi ad osservar la misura.

Pflanzen. CXVIII. Plantes. CXVIII. Plants. CXVIII. Piante. CXV.

ZIERPFLANZEN.

Die purpurrothe Rudbeckie.

(*Rudbeckia purpurea.* L.)

Die *purpurrothe Rudbeckie* ist eine schöne Zierpflanze, welche in Nordamerika, wild auf den Bergen von Virginien, Carolina und Florida wächst; bei uns aber auch wegen ihres vorzüglichen Aussehens in Gärten zur Verzierung gepflanzt wird. Den Namen hat sie zu Ehren eines verdienten schwedischen Botanikers, *Olaus Rudbeck*, erhalten.

Diese Pflanze treibt einen 3 bis 4 Fuſs hohen Stängel, an welchem wechselsweise die lang gespitzten und gezähnten Blätter sitzen. Die groſsen schönen purpurrothen Blumen, welche am Ende des Stängels sitzen, sind strahlenförmig gebildet, und hängen mit den an der Spitze gespaltenen Blättern abwärts.

PLANTES D'ORNEMENT.

Le Rudbeck pourpré.

(*Rudbeckia purpurea.* L.)

Le Rudbeck pourpré est une très-jolie plante qui croît d'elle-même dans l'Amérique septentrionale sur les montagnes de la Virginie, de la Caroline et de la Floride; aussi l'a-t-on transplantée dans nos jardins, dont elle est un des plus beaux ornements. On lui a donné ce nom en l'honneur de Mr. *Olaus Rudbeck*, célèbre botaniste suédois.

Cette plante a une tige de 3 à 4 pieds de haut, à laquelle alternent les feuilles lancéolées et dentelées. Les grandes fleurs couleur de pourpre, placées au sommet de la tige, sont en forme de rayons, et déversent avec les feuilles fendues à l'extrémité.

ORNAMENTAL PLANTS.

The purple-coloured Rudbeckia.

(*Rudbeckia purpurea.* L.)

The *purple-coloured Rudbeckia* is a beautiful ornamental plant, which grows wild in North-America, on the mounts of Virginia, Carolina and Florida, being likewise cultivated in our gardens for ornament, on account of its singular appearance. It has been thus denominated in honour of the deserving swedish botanist, *Olaus Rudbeck.*

This plant shoots a stalk of 3 in 4 feet in height, to which alternately stick the long-pointed and dented leaves. The large and beautiful purple flowers, that adhere to the top of the stalk, are formed like rays, hanging loose together with the leaves cloven on the extremity.

PIANTE ORNAMENTALI.

La Rudbechia porporina.

(*Rudbeckia purpurea.* L.)

La *Rudbechia porporina* è una bella pianta ornamentale, che cresce salvatica nell' America settentrionale, sui monti della Virginia, Carolina e Florida; si coltiva anche ne' nostri giardini per ornamento, a motivo della sua appariscenza singolare. Essa è stata così denominata in onore del meritissimo botanico svezzese, *Olao Rudbeck.*

Da questa pianta sorte uno stelo di 3 in 4 piedi d'altezza, a cui alternamente sono attaccate le foglie dentate che terminano in lunghe punte. I larghi e bei fiori porporini, appiccate all' estremità dello stelo, sono in forma di raggi, e penzolano al pari delle foglie intagliate alla cima.